寻找教与学的
最佳契合点

促进小学生数学深度学习的实践研究

孙明洁 ◎ 著

东北师范大学出版社

长 春

图书在版编目（CIP）数据

寻找教与学的最佳契合点：促进小学生数学深度学习的实践研究 / 孙明洁著. — 长春：东北师范大学出版社，2020.9

ISBN 978-7-5681-7136-6

Ⅰ.①寻… Ⅱ.①孙… Ⅲ.①小学数学课—教学研究 Ⅳ.①G623.502

中国版本图书馆CIP数据核字（2020）第166948号

□策划创意：刘　鹏
□责任编辑：邓江英　刘贝贝　　□封面设计：姜　龙
□责任校对：刘彦妮　张小娅　　□责任印制：许　冰

东北师范大学出版社出版发行
长春净月经济开发区金宝街 118 号（邮政编码：130117）
电话：0431-84568115
网址：http：//www.nenup.com
北京言之凿文化发展有限公司设计部制版
北京政采印刷服务有限公司印装
北京市中关村科技园区通州园金桥科技产业基地环科中路 17 号（邮编：101102）
2022年6月第1版　2022年6月第1次印刷
幅面尺寸：170mm×240mm　印张：15.75　字数：251千

定价：45.00元

读完孙明洁老师《寻找教与学的最佳契合点——促进小学生数学深度学习的实践研究》的书稿，令我既感慨又欣慰！孙老师撰写论文从获奖到发表，再到出版专著，她通过坚持专业阅读和思考，不断挑战自己的研究能力，不断冲击小学数学教育教学的难点、热点，不断丰厚自己的教育人生。这种锲而不舍的研究精神和毅力，让我由衷敬佩！

　　深度学习是当前教学研究领域中的一个热词。正是新时代教育落实"立德树人"根本任务的大背景和大力深化课程改革的实践语境，催生了深度学习研究热潮的兴起。如何有效地培养学生的核心素养，实现育人方式的根本转变，是饱含教育情怀的广大教育工作者正在孜孜以求地研究和攻关，功在当下、利在长远的教育大课题。

　　我认为：指导学生开展好深度学习，是培养学生核心素养，实现育人方式转变的重要途径。孙老师秉承"一切为了孩子的发展"理念，以其对教育真谛的不懈追求为动力，以其扎实过硬的教学基本功为依托，以其多年来丰富的教研经验与积淀为基座，以其作为主研人员之一的"非线性"教学研究为载体，一头扎进了深度学习研究的蓝海之中，成为我市深度学习研究的众多实践探索者之一。

　　孙老师是一位思想有底蕴、教学有灵气、研究有成果、专业有追求的青年教师。她倾情教育，心怀大爱，关心孩子细致入微；勤于学习，善于思考，研究问题刨根问底；笔耕不辍，教研论文发表获奖；视野开阔，指导引领了大批教学新秀！多年来，她在三尺讲台上辛勤耕耘，无怨无悔；在专业发展上不断精进，毫无倦怠。孙老师以一张又一张的获奖证书垫高了自己的人生舞台，以一位非数学科班出身的小学数学教师成功逆袭，一步一个脚印地成长为南海区名教师、南海区名师工作室主持人、市小学数学优秀青年教师、市小学数学兼职教研员等。她在积极参与佛山市"有效教学"研究的过程中获得灵感，始终坚持以学生可持续发展为目标，注重创设亲和民主的教学氛围，通过扎实实践和不懈创新，经历了从"有效教学"到"高效课堂"再到"深度学习"的阶段性跨越，十分注重对学生数学思维能力的培养，逐步形成了自主灵动的教学风格，构建了指向发展学生高阶思维能力的"思辨课堂"。她立足学校实际，积极开展校本教科研并取得了丰硕的成果，主持或参研的课题项目分别荣获广东省基础教育教学成果一等奖和广东省特色课程建设成果一等奖。我们从孙老师的研究和成长之路上，欣喜地窥见了一个有理想、有追求的一线普通教师专业发展的成功轨迹。

孙老师的这本关于深度学习的研究专著，从对浅表学习的扬弃出发，深入剖析了传统的教学方式不利于学生知识融通、精神丰盈和个性化发展等的局限性，既从学理上梳理明晰了深度学习的内涵及特征，又在严谨的教学实践基础上，提炼了深度学习进课堂的课堂结构、教学策略和学法指导，开展了基于深度学习的课堂观察与评价探索，初步形成了促进小学生有效开展数学深度学习的理论体系。全书可读性强，通俗易懂，处处折射出孙老师及其研究团队在深度学习实践探索中的实践智慧、专业思考和理论勇气。此书的付梓和出版，将为后来者提供有益的思路提示、有力的案例借鉴和有效的方法支撑。

在深度学习研究的道路上，孙老师犹如一位历尽千辛万苦的取经人，不断地从教学实践中萃取真知；又仿佛是一位百折不回的勇士，在"实践—反思—再实践—再反思"的行动研究中砥砺前行；更像一位走过了万水千山的智者，在"千淘万漉虽辛苦"之中收获并享受"吹尽狂沙始到金"的精神愉悦。期待着孙老师在后续的教书育人生涯中踏浪前行，更上层楼，为一线教师奉献更多、更有分量的研究作品。

是为序！

钱运涛（佛山市教育局教学研究室副主任）

2019年2月

有人说：这个世界不缺能干活的人，缺的是会思考的人。我想，作为一名小学数学青年教师更应该如此。于是，我开始自己上公开课、研究课，与学生们一起听课，与老师们一起议课。长期坚持，每周安排听课、议课便成了我的一个习惯，并坚持了10年。慢慢地我发现，或许教师使用了先进的教学设备，新的教学模式、教学方法、教学手段和教学策略，但是"教师苦教、学生苦学"的状况在小学数学课堂中依然存在。在"自主、合作、探究"等学习方式实施的过程中，虽然与传统的讲授式课堂教学模式相比，学生的学习兴趣浓厚了，学习参与度增强了，但是对于学习活动中的核心问题，他们的兴趣往往简单地停留在对过程和步骤的认识层面。这种仅仅经历了简单记忆和重复训练的浅层学习，对促进学生理解知识、建构意义、解决问题等能力的发展有很大的局限性。如此一来，学生的内源性力量就难以激发出来，学生的学习就难以真正发生，学生对知识的建构与深层的理解就难以实现。为了更好地促进小学生开展数学的深度学习，我产生了撰写本书的想法。

　　关于促进小学生的深度学习这一想法，起初仅仅是一种愿望，缺乏实质性的内容，但经过三年多的摸索与实践，我们逐步将小学数学深度学习的内涵、特征、理论基础以及模型、操作框架、评价体系等一系列问题进行了梳理、归纳、完善，形成了若干个提升小学生在数学深度学习方面的方法与策略。

　　基于对小学生数学深度学习的基本认识，在研究的道路上，我们大致沿着两个路线进行探索：一个路线是明晰小学数学深度学习的内涵、特征、理论基础，另一个路线就是提炼小学数学深度学习的模式、操作框架、评价体系。随着研究的不断推进，我们发现，无论选择何种路径、何种方式来提升学习效率，最终都离不开教师的"教"与学生的"学"。因此，突破深度学习的瓶颈问题逐步清晰。

　　本书是在一线课堂教学中开展促进小学生数学深度学习研究的基础上，结合大量的教学案例，补充完善而成的。全书共分七章，尝试通过梳理实施小学数学深度学习课堂的有效策略，以及数学深度学习的教学模式、原则、教法，在一定程度上为小学数学深度学习的课堂教学研究领域提供有益的实证参考；通过对学生开展批判理解性学习的指导实践，为促进学生以批判性思维和创新精神发展为目的的学习指导提供实例与参考；通过对基于深度学习理论的整合学习内容的研究，使学习内容具有"弹性化"和"框架式"，为优化学习内容提供实例和经验；通过引导学生深度反思学习状况并及时调整学习策略，为备受关注的评价方式提供实证参考。

感谢佛山市南海区小学数学名师工作室的各位同事，以及佛山市教育局教研室钱运涛主任给予的巨大帮助，特别要感谢南海区教育局教研室卢慧仪老师和桂城街道教育局教研室张洁雯老师对工作室的支持与帮助。因为有你们的帮助与支持，我才有信心完成本书的写作。

因时间和本人水平所限，书中难免有不妥之处，恳请大家提出宝贵意见。

孙明洁

2019年2月

目录
CONTENTS

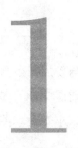

第一章

深度学习的内涵及特征

21世纪世界教育发展的主要趋势是，教育将成为一个面向全体的全民教育，贯穿人一生的终身教育，促进人的全面发展的素质教育，突出个性的创新教育。1999年6月中共中央、国务院《关于深化教育改革　全面推进素质教育的决定》中明确指出："实施素质教育，就是全面贯彻党的教育方针，以提高国民素质为根本宗旨，以培养学生的创新精神和实践能力为重点。"2014年3月，教育部发布了《关于全面深化课程改革　落实立德树人根本任务的意见》，明确提出了落实立德树人工程的十大关键领域，并确立了以学生核心素养发展为本的教育改革思路。在2017年9月24日中共中央办公厅、国务院办公厅印发的《关于深化教育体制机制改革的意见》中强调要培养四种关键能力：认知能力、合作能力、创新能力、职业能力。于是，围绕发展学生核心素养、强化学生关键能力培养的各种教学模式应运而生。其中有关深度学习的研究就是对促进学生整体发展，培养支撑终身发展、适应时代要求的关键能力的学习方式的改革。

随着学习研究的深入，人们对学习的认识也日益深刻，目前研究界就学习达成的有关共识包括深度理解概念的重要性、注重学与教、创设学习环境、学习者在先前知识基础上建构知识的重要性以及反思的重要性。[1]但是，缺乏深度的学习，就会导致学生对数学知识概念体会不深切，使其思维不深入、理解

---

① R.基思·索耶.剑桥学习科学手册［M］.北京：教育科学出版社，2010.

不透彻，以致难以对今后的学习与发展产生深远的影响。因此在小学生学习数学的过程中，深度学习乃是将当前课堂学习向纵深推进的实质和方向。在本章中，我们将就对深度学习的理解、小学数学深度学习的内涵、小学数学深度学习的特征三个问题进行探讨。

一、对深度学习的理解

深度学习（deep learning）也被译为深层学习，是美国学者Ference Marton和Roger Saljo基于学生阅读的实验，针对孤立记忆和非批判性接受知识的浅层学习（surface learning），于1976年首次提出的一个关于学习层次的概念。[①]事实上，早在1956年布鲁姆在其《教育目标分类学》中关于认知维度层次的划分中就已蕴含了"学习有深浅层次之分"。[②]Ference Marton和Roger Saljo借鉴了布鲁姆认知维度层次划分理论，创造性地提出了深度学习的概念，并借助实验推进了对深度学习的研究。此后，许多研究者开始关注深度学习，Biggs和Collis（1982）、Ramsden（1988）、Entwistle（1997、2001）等学者都从不同角度发展了深度学习的相关理论。[③]近年来，深度学习越来越受到教育研究者的关注。2006年，加拿大多伦多大学Hinton教授和他的学生Salakhutdinov在《科学》上发表了一篇关于深度学习的文章，开启了21世纪深度学习在学术界的浪潮。[④]2013年1月，在中国最大的互联网搜索引擎（百度）公司的年会上，创始人兼首席执行官李彦宏高调宣布要成立百度研究院，其中第一个重点研究方向就是深度学习，并为此成立了深度学习研究院（IDL）。2013年4月，《麻省理工学院技术评论》（*MIT Technology Review*）杂志将深度学习列为2013年十大突破性技术之首。

"深度"在《现代汉语词典》上是指"（工作、认识）触及事物本质的程度"。在教育教学领域，一般认为"深度学习是一种基于理解的学习，是指学

[①] 冯锐，任友群.学习研究的转向与学习科学的形成［J］.电化教育研究，2009（2）：23-26.

[②] Marton F, Saljo R. On Qualitative Difference in Learning:Outcome and Process ［J］. British Journal of Educational Psychology, 1976（46）：4-11.

[③] 安德森.布鲁姆教育目标分类学（修订版）［M］.北京：外语教学与研究出版社，2009.

[④] Smith TW, Colby S A.Teaching for Deep Learning ［J］. The Clearing House, 2007（5）：205-211.

习者以高阶思维的发展和实际问题的解决为目标，以整合的知识为内容，积极主动地、批判性地学习新的知识和思想，并将它们融入原有的认知结构中，且能将已有的知识迁移到新的情境中的一种学习"。①因此，对于深度学习，我们可以这样理解，它就是一种触及知识本质，触及学生高阶思维，将学习内容有效整合，运用知识迁移重构，完善认知结构，凸显学习过程本质，让学习者提升自身智慧价值的学习，其与学习状态、思维发展、解决方式、整合知识、知识建构和方法迁移息息相关。

深度与浅层是一对表征水平和程度的概念，从教育教学领域看，深度学习和浅层学习的根本区别就在于学习者在学习过程中的学习状态、思维发展、解决方式、整合知识、知识建构和方法迁移等方面的水平和程度的差异。

基于以上的分析，可以从学习者的思维发展、解决方式、整合知识、知识建构、方法迁移和学习状态六个维度，揭示深度学习与浅层学习的主要区别（见表1-1）。

表1-1　深度学习与浅层学习的主要区别

学习样态	浅层学习	深度学习
思维发展	领会	应用
	模仿	分析
	记忆	综合
解决方式	单一	多维
	复制	创新
	给予	建构
	机械	灵活
整合知识	分散	整合
	浅显	深层
	孤立	整体
知识建构	局部	整体
	粗浅	丰富
	残缺	完整

① 安富海. 促进深度学习的课堂教学策略研究 [J]. 课程·教材·教法, 2014 (11).

续 表

学习样态	浅层学习	深度学习
方法迁移	表层	内核
	断裂	联系
学习状态	被动学习	主动学习

（1）从表1-1可以看出，从学习者思维发展的程度及水平看，浅层学习主要停留在对知识的记忆、模仿、领会层面上，学习者往往通过机械性记忆，通过模仿等方式开展学习。根据布鲁姆对认知领域学习目标的分类（见图1-1），浅层学习的认知水平仅仅停留在"知道、领会"这两个层次上，主要是对知识进行简单的描述、记忆和复制，而深度学习的认知水平则可对应"应用、分析、综合、评价"这四个较高级的认知层次，不仅涉及记忆，更加注重对知识的理解、分析与应用。因此，浅层学习处于较低级的认知层次，属于低阶思维活动，而深度学习处于高级的认知层次，属于高阶思维活动。

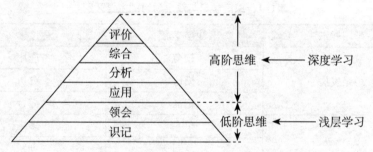

图1-1 布鲁姆提出的认知目标分类图

（2）从解决方式上看，浅层学习往往关注解决问题所需要的公式、方法、外在的线索，通常以复制、模仿等方式解决问题，方法单一、机械。而深度学习关注解决问题所需的核心论点和概念，要求学习者批判性地看待问题并进行深入思考，其解决问题的形式多元、创新，解决方法灵活，能以最大的限度激发学习者的自主性、能动性和创造性。

（3）从整合知识的角度分析，浅层学习往往是将信息看成一个个孤立的、无联系的知识单元进行接受学习，不利于对信息和知识的理解和长期保持。深度学习注重批判理解，强调内容整合，整合意义相关联的学习内容，感悟数学知识的内在联系与本质，这样有助于对新的知识信息进行理解及长期保持和迁移应用。

（4）从知识构建的角度分析，浅层学习只关注知识体系中的局部，无法将新知识与已有知识经验联系起来，并在已有知识结构的基础上建构新知识。而深度学习要求学习者不仅能够通过学习获得有用的信息，而且要善于在新知识和原有知识之间建立联系，掌握复杂概念、深层知识，并将新知识与已有知识建立联系，逐步构建新的知识结构。

（5）从知识迁移能力的角度分析，浅层学习不能灵活运用所学知识，学习者只是停留在简单的复制、机械的记忆、肤浅的理解等浅层学习水平上。反观深度学习，着意迁移运用，要求学习者对问题的关键点进行合理的判断及把握，并在相似的问题情境中做到举一反三，通过对新问题与旧知识的对比、判断，寻找出两者之间的关系及区别，并将原有解决问题的思路迁移运用到新问题上，从而解决新的问题，得出新的结论。

（6）从学习状态的角度分析，学习者在浅层学习中由于是被动接受学习，难以获得深切的体验和深入的思考，缺乏对知识本质的深刻理解，即长期处于浅层学习中，由此获得的知识往往短浅、孤立和残缺，较难形成完整、深入和丰富的认识结构。相比较而言，深度学习者为了满足自身的需求，长期处于主动学习的状态，他们会更加积极、主动地学习新的知识与技能，对后续的学习和发展产生深远的影响。

二、小学数学深度学习的内涵

究竟什么是小学数学深度学习？小学数学深度学习的本质、内涵是什么？对于这两个问题，我们可以聚焦以下三个方面：

（1）界定小学数学深度学习的概念。

（2）分析小学数学深度学习的根本价值。

（3）构建深度学习的结构模型。

1. 小学数学深度学习的概念

学生的学习是人类学习的一种特殊形式。学习是指学生在老师的指导下，按照既定的目标有计划、有步骤地掌握科学文化知识、发展能力、养成良好的思想品德和个性心理品质的活动过程。学生的学习有探究发现的成分，特别是在基础教育课程改革深入推进的今天，自主学习和探究学习是我们大力倡导的学习方式,但从根本上讲,学生还是以接受人类已有知识经验为主。[①]数学是研究数量关系和空间形式的科学,数学学习能使学生掌握必备的基础知识和基本技能,培养学生的抽象思维和推理能力,培养学生的创新意识和实践能力,促进学生在情感、态度与价值观等方面的发展,是学生未来生活、工作和学习的重要基础。

小学数学学习是学生在小学阶段对一门具体学科知识的学习,是一个比学生学习更狭义、更具体的学习概念。其含义是指小学阶段的学生在老师的指导下,按照国家数学课程标准的要求,主要根据小学数学教科书所提供的信息资源和学习线索有计划、有步骤地掌握数学知识和数学技能,获得一些简单的数学思想方法和初步的数学活动经验,以促进自身的知识经验、能力(特别是数学能力)和情感态度持久变化的过程。

小学数学深度学习是以数学学科的核心内容为载体,通过结构化教学及整合的学科核心内容,引导小学生积极主动地、批判性地学习新的数学知识和思想,并通过将新知识融入原有的认知结构,达到知识迁移的目标,从而发展学生的高阶思维,解决实际问题的过程。

数学学科的核心内容包括数的认识、符号的认识、数的运算、数量关系、图形的认识、图形的度量、数据的收集、整理与表达,等等。在小学数学深度学习过程中,应重点关注这些核心内容所反映的学科基本思想和学生发展的关键能力。例如,在学习数的认识这一核心内容的过程中,教师可有意识地帮助学生形成数感、建立数感,从而帮助学生理解现实生活中数的意义,进而理解或表述具体情境中的数量关系。空间观念则是与"图形与几何"领域密切相关的,因此学习图形的认识和图形的关系等内容时,应注重学生空间观念的发展。例如,在认识长方体特征时,要帮助学生从物体特征抽象出几何图形,再根据几何图形想象出所描述的实际物体。而数据分析观念则与"统计与概率"领域直接相关,在经历数据的收集、整理、呈现和判断的整体过程中,要帮助学生形成数据分析观念,让学生感悟统计的核心——数据分析。

因此,在小学数学深度学习的过程中,教师应以提升学生的综合素养为

---

① 李光树. 小学数学学习论 [M]. 北京:人民教育出版社,2014:3.

目标，了解学生学习的特点及状况，通过精心设计问题情境，引发学生认知冲突，为学生提供宽广的思维空间与真实的学习情境；通过引导学生积极主动地参与探索数学核心知识的学习过程，使其整体分析与理解相关内容本质，体验所学内容的思维方法，把握和感悟数学知识的内在联系与本质，提炼深度探究的目标与主题。此外，要组织学生全身心参与学习活动，围绕具有挑战性的学习主题深度探究，使学生体验成功、获得发展，[①]从而发展学生的数学思维、实践能力与创新思维，使其形成积极的情感、态度，成为既具有独立性、批判性、创造性，又有合作精神的学习者。

2. 小学数学深度学习的根本价值

小学数学深度学习关注的重点在于学生学习数学知识的过程，以提高小学生发现和解决实际问题的能力，促进学生关键能力以及学科核心素养的形成，让学生通过独立思考、自主探究、合作交流等方式，深入思考、深刻理解所学的数学核心内容，体验数学知识蕴含的思维方法。

从学生学的角度分析，小学数学深度学习本身就是着力于克服和解决在小学生学习数学的过程中，由于浅层学习而无法达到对知识深度理解的一系列学习问题，通过深度学习帮助学生进一步提升自己的数学学习能力和学业成绩，从而对学生今后的发展产生深远、整体和丰富的影响，促进学生可持续发展。因此，在深度学习的过程中，教师要通过引导学生分析所学内容的内在关联和相应的思考方法，从整体上把握学习内容，将关键的数学思想和核心内容贯穿学习具体内容的过程，让学生在学习这些内容的过程中，不仅掌握具体的知识、技能，而且体会其蕴含的数学思想方法，从而逐步形成数学核心素养，提高数学思维能力。因此，深度学习的根本价值就在于帮助学生更好地掌握数学知识和数学技能，获得一些简单的数学思想方法，积累丰富的数学活动经验，以促进自身知识经验、数学能力和情感、态度的持久变化。

（1）小学数学深度学习的过程是学生个体心理发生适应性变化的过程。通过对数学核心内容的深度理解，整合小学数学核心内容，引导小学生积极主

---

① 马云鹏.深度学习的理解与实践模式：以小学数学学科为例［J］.课程·教材·教法，2017（4）.

动、批判性地学习新的数学知识和思想，打破原有数学认知结构的平衡状态，促使学习主体的心理结构与作为认知客体的数学知识结构之间不断发生相互作用，并重新建立新的平衡。在这种"平衡—不平衡—平衡"的动态变化中，学生适应数学知识发展变化所引起的心理变化过程，即小学数学深度学习的过程。例如，在学习两位数乘两位数的时候，学生在面对12×24这样的算式时，一时找不到解决的方法，这是因为此刻学生还未掌握两位数乘两位数的计算方法，即打破了其原有数学认知结构的平衡状态。因此，便需要学生通过自主探索、合作交流、观察推理等一系列的学习活动，找到两位数乘两位数的计算方法，通过将12×24转化为10×24与2×24的和，最终适应数学技能由原来的一位数乘两位数发展为两位数乘两位数，从而进一步完善整数乘法的认知结构。对学生来说，这是一种持久的心理变化，会引起学生以后在两位数乘两位数运算行为上的变化。

（2）小学数学深度学习的过程是学生在头脑里构建数学认知结构的过程。小学生在进行数学深度学习时，通过自身对数学知识经验的获得与积累，在头脑中构建数学认知结构。一方面是在原有经验的基础上丰富数学知识经验，不断促进自身对数学认知结构量的积累，在量变的基础上实现对已有数学认知结构的完善与充实。例如，学生已经掌握了表内乘法、一位数乘整十数、乘法竖式等知识，那么在学习两位数乘两位数时，就是在之前的基础上，对原有的认知结构进行扩充，实现量变。另一方面在数学深度学习的过程中，对于全新的数学知识的学习与理解，都是由于获得了新的经验从而构建新的认知结构。在建构的过程中，学生需要不断调整自己的认知结构，以使其更好地适应新的数学知识的学习。例如，学生在掌握了加法、减法、乘法的竖式后，当学习除法竖式时，原有的知识已经无法满足认知的需要，产生了不平衡的现象，因此需要教师的引导和帮助，使学生对除法的意义进行深度挖掘与理解，打破其原有的认知结构，探索出除法竖式的表示方法，最终使他们在头脑中形成除法竖式的认知结构。

从教师教的角度看，通过梳理实施小学数学深度学习课堂的有效策略，形成来自一线教师的知识体系。例如，形成一定的原则、教法，具有较强的操作性与指导性，在一定程度上为小学数学深度学习的课堂教学研究提供有益的实证参考。在调查学生学习情况的基础上，开展小学生高阶思维能力培养的学习指导实践及研究。由于高阶思维是深度学习的核心特征，因此在小学开展学生批判理解性学习的指导实践，能为促进学生以批判性思维和创新精神发展为目的的学习指导提供实例与参考。通过基于深度学习理论的整合意义连接的学习内容的研究，使学习内容具有弹性化和框架式特征，为优化学习内容提供实例和经验。通过收集典型案例并进行理解和运用，继而提出有针对性的学习指导方法。在调查学生学习情况的基础上，引导学生深度反思学习状况并及时调整学习策略，为备受关注的评价方式提供实证参考。

3. 数学深度学习的结构模型

作为一种学习形态，小学数学深度学习与学科本质、学习状态、知识建构有着密切的关系。学习者的不同状态决定了深度学习的内涵及方式。下面将从学习状态与学科本质、学习状态与知识建构、知识建构与学科本质之间的关系的角度进行解剖分析。

（1）学习状态与学科本质之间的关系。数学学科研究的核心内容包括数的认识，符号的认识，数的运算，数量关系，图形的认识，图形的度量，数据的收集、整理与表达，等等。笼统地说，数学学科的核心内容就是学生学习的对象，而教师则是联系两者的桥梁，因此数学学科本质与学习状态的关系取决于教师对数学学科的理解方式及水平。可以说，教师的教学深度状况标志着教师对小学数学学科的理解水平和学生的数学学习水平。

其中，重点突出以下三个方面的因素：①教师能否把握小学数学学科知识的本质。教师对学科教材的解读与理解，在很大程度上决定了学生是否能够进入真正的深度学习。②教师能否把握学生的真实学情。学习兴趣、思维状态、学习习惯、学习方式等因素决定了学生在深度学习中的参与程度。③教师能否把握住学科知识本质与学生真实学情的契合点。要在恰当的时机，让学生真正触及学科知识的本质，使学生与数学教材之间相互融合，而非相互分离。

因此，从学习状态与学科本质之间关系的层面上看，要想达到深度学习，就应具备以下三个基本条件：①教师应把握教学知识（是数学知识还是教学知识）的本质，对所教内容进行深度解读与理解，提升自身对教材理解的水平，全面、准确地把握小学数学知识的本质内涵；②教师应充分了解学生的学情，把握学生的真实起点与逻辑起点，关注学生数学思维的发展特征，根据学生学习的真实需求展开教学；③教师应关注学科内容的本质与学生兴趣、思维、方式的连接处，把握契合点，通过构建学习的"大空间"，实现学生与数学知识内容的相互融合。

（2）学习状态与知识建构之间的关系。学习是一个持续的过程，也是知识建构的过程，因此只有引导学生持续学习，持续进行知识建构，才能使其真正触及学科的本质。所以说，在持续建构知识的过程中，学生的学习状态和学习方式决定着学习效果的深度状况。

因此，这里涉及两个方面的问题：①学生的兴趣、情感以及思维的特点是支持学生不断建构的动力，那么如何让学生在学习的过程中持续保持热情，不断调动自己的思维开展深度思考，是持续进行知识建构的关键点；②恰当的学习活动是维持学生兴趣、情感以及保持思考状态的重要因素，那么在学习的过程中，如何通过合理的学习活动维持学生的兴趣、情感并使其保持思考状态，是持续进行知识建构的重要保障。显然，无论是前者还是后者，都是有赖于教师的引导：前者需要教师在充分把握数学知识本质的基础上，设计相关的问题情境，而后者则需要教师结合问题情境，设计恰当的学习活动序列，通过不断引导促进学生持续建构。

（3）知识建构与学科本质之间的关系。从一定程度上看，数学深度学习就是学生不断构建数学学科本质的过程。一方面，学习是一种持续建构的过程，而这种持续建构的过程是不断指向学科知识本质的；另一方面，对学科本质的学习需要持续的过程，以对学生产生持久的影响，使学生产生持续的变化。因此，学科本质与知识建构是相互依存、相互影响的。

因此，教师需要真正认识学科本质与学习的持续建构之间的关系，通过设计学习活动的层次性、序列性，引导学生对数学知识本质开展持续的建构。

小学数学深度学习三个关系的结构（见图1-2）表明，学生的学习状态与学科本质是相互融合的，学生的知识建构与学科本质是相互依存的，学生的学习状态与知识建构是相互支持的。因此，要实现小学数学深度学习，应满足以下几方面的条件：①全面、系统、准确地分析及把握小学数学知识的本质；②充分了解学生的学情，把握学生的真实起点与逻辑起点，关注小学生数学思维的发展特征；③在充分把握数学知识本质的基础上，设计相关的问题情境；④结合问题情境，设计恰当的学习活动序列，通过引导不断促进学生持续建构。

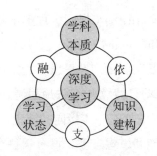

图1-2 小学数学深度学习结构模型

三、小学数学深度学习的特征

小学数学深度学习更强调其学科特征，在学习的过程中，应重点关注数学学科的核心内容所反映出的学科基本思想，发展学生的关键能力。与数学的浅层学习相比，深度学习在理解方式、记忆方式、知识体系、反思状态、关注焦点、知识迁移、思维层次等方面具有明显的差异，如表1-2所示。

表1-2 小学数学深度学习与浅层学习的比较

比较内容	深度学习	浅层学习
理解方式	注重数学概念、定理、公式、方法等的批判理解，批判性地看待新知识，并深入思考	认识、机械记忆
记忆方式	在理解的基础上记忆	机械记忆
知识体系	将新旧知识建立联系，在各种观点之间建立多元联系。以复杂概念、深层知识等非结构化知识为主	将知识看成孤立的、无联系的单元来接受和记忆，不能促进对知识的理解和长期保持
反思状态	在理解数学概念、知识的基础上进行质疑辨析，善于建构反思	学习过程缺少反思、质疑、辨析
关注焦点	关注数学解决问题过程中所需要的核心概念、方法。善于归纳方法，举一反三	关注数学解决问题过程中所需的公式、外在线索。善于模仿复制，直接套用
知识迁移	能把新学到的知识迁移应用到实际问题当中	不能灵活应用新学的知识
思维层次	高阶思维	低阶思维

通过对小学数学深度学习特征的分析，我们可以看出在小学数学的学习中，深度学习具有以下若干特征：

（1）小学数学深度学习是在理解概念的基础上进行批判学习的。"批判的"（critical）源于希腊文kriticos（提问、理解某物的意义和有能力分析，即"辨明或判断的能力"）和kriterion（标准）。从语源上说，该词暗示发展"基于标准的有辨识能力的判断"。批判性思维作为一个技能的概念可追溯到杜威的"反省性思维"："能动、持续和细致地思考任何信念或被假定的知识形式，洞悉支持它的理由以及它所进一步指向的结论。"①

批判性思维指的是技能和思想态度，没有学科边界，任何涉及智力或想象的论题都可从批判性思维的视角来审查。批判性思维既是一种思维技能，也是一种人格或气质；既能体现思维水平，也凸显现代人文精神。②

在小学数学深度学习的过程中，学生可以对新的知识等保持一种批判或怀疑的态度，能够批判性地看待这些数学知识并尝试深入思考，在对知识和概念的理解过程中实现深层理解。

（2）小学数学深度学习是在强调信息整合的基础上进行记忆理解的。在小学数学深度学习的过程中，强调学习者应通过多学科、多渠道将信息进行整合，包括对数学的新旧知识和信息进行整合，将新知识、新信息与已有的知识概念、定理等联系起来，整合到原有的认知结构中。在整合的过程中，学习者能够对新的知识信息进行理解、保持、迁移和应用。这与浅层学习有着质的区别，浅层学习强调将学习的知识、概念等看成单独、孤立和无联系的某个知识点或某个单元进行接受与记忆，因此无法促使学习者对信息和知识进行理解及长期保持。

（3）小学数学深度学习是在促进知识建构的基础上进行双向建构的。建构主义认为，学习是学习者主动地建构内部心理表征的过程，是新旧经验之间的双向的相互作用过程，即"建构一方面是对新信息的意义的建构，同时又包含对原有经验的改造和重组"。③在学习的过程中，学习者一方面需要从大量的信息中抽取出有用的信息，另一方面则要将这些信息转化为自己能够理解的知识，并将这些知识纳入自身已有的知识结构当中，与已有的知识经验建立联

---

① 武宏志. 论批判性思维. ［J］. 广州大学学报（社会科学版），2004，3（11）.

② 武宏志. 何谓"批判性思维"？［J］. 青海师专学报（教育科学版）2004，24（4）.

③ 张健伟，陈琦. 从认知主义到建构主义［J］. 背景师范大学学报（社会科学版），

1996（4）：75-82.

系，在已有知识结构的基础上建构出新的知识，从而完成对已有知识结构的改造与重组。

（4）小学数学深度学习是在迁移运用的基础上对知识技能的灵活运用。小学数学深度学习重视对知识与技能的迁移运用，从而解决问题。它要求学习者首先要对学习情境进行深度理解，对相关的核心要素进行分析与判断，接着联想曾经遇到过的相似学习情境，找出其中的差异与原则、思路，从而进行迁移运用，做到举一反三。这与简单的复制、机械记忆、浅层理解是有本质上的区别的。因此小学数学深度学习的一个重要目标就是，要学生灵活地、创造性地运用已有的知识经验解决新的问题。一般来说，现实的问题不是那种套用规则和方法就能够解决的良构领域（well-structured domain）的问题，而是结构分散、规则冗杂的劣构领域（ill-structured domain）的问题。[①]因此在解决这类劣构领域问题的过程中，学生不仅需要掌握原理及其适用的场域，还要能灵活运用概念、原理分析问题并创造性地解决问题。

[①] 张浩，吴秀娟.深度学习的内涵及任职理论基础探析［J］.中国电化教育，2012（10）：8-9.

2

第二章

现代学习理论发展对小学数学
深度学习的影响

人类的学习活动是一个极其复杂的系统，对人类学习现象及其本质规律的研究也一直是人类长期关注的重点领域。在现代学习理论中，认知理论越来越引起教育心理学家的关注。所谓认知发展（cognitive development）是指个体自出生后在适应环境的活动中，随着年龄的增长对事物的认识和面对问题情境时的思维方式与能力表现逐渐改变的过程。[①]但"学习是如何发生的"以及"如何促进学习"仍是学习研究的两个基本问题。[②]深度学习常常发生在复杂的社会和技术环境中，在学习科学中一个重要研究目标是探索学习如何发生，进而对深度学习进行详细定义，并且设立不同的指标和评价模式以便观察和测量深度学习，及产生深度学习的环境条件。[③]

一、皮亚杰认知发展理论对小学数学深度学习的影响

皮亚杰的认知发展理论被公认为20世纪发展心理学上最具权威的理论，即"他给人们提供了任何心理学家都望尘莫及的从出生到成人的发展认知的蓝

---

① 张春兴. 教育心理学［M］. 杭州：浙江教育出版社，1998：84.

② 冯锐，任友群. 学习研究的转向与学习科学的形成［J］. 电化教育研究，2009（2）：23-26.

③ 吕赐杰，陈文莉. 将科技中介学习的研究成果转化为实践：学习科学的角度［J］. 中国电化教育，2007（12）：6-12.

图[①]"。皮亚杰认为个体发展的核心是认知结构（或图示），认知结构的变化依赖于认知机能。认知机能主要包括组织和适应，而适应则通过同化和顺应去完成，它们之间的关系如图2-1所示。

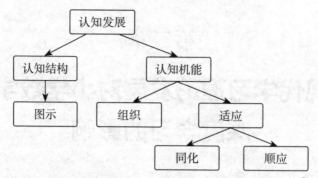

图2-1　皮亚杰关于认知发展的重要概念之间的关系图[②]

因此，皮亚杰认知发展理论在小学数学深度学习中有以下几方面的应用。

1. 利用具体运演阶段学生的认知特征奠定深度学习的基础

由于学生在小学阶段正处于具体运演阶段，因此在学习数学知识的过程中必须依赖具体的实物，使学生在知觉的基础上产生认知结构的变化。在深度学习的过程中，教师应通过具体的动手操作尝试更好地理解、抽象数学概念，让学生在感觉和知觉中完成抽象的运演，从而达到对知识概念的深度理解。

在开展深度学习时，往往先根据具体运演阶段学生的认知特征，引导学生开展操作性的尝试学习，为深度理解数学概念奠定基础。例如，在教学"观察物体"时，教师有意识地引导学生，让学生经历"猜想—验证—再猜想—再验证"这一生动的操作学习过程，把学生的学习动机和兴趣引向最佳状态，再及时把握开展活动的最佳时机，组织有效的探究活动。

【教学片段】

师：下面让我们进入照相馆，这是"数学城堡"正面的平面图：⬜⬜⬜
你能根据这张平面图推测出它整个的形状吗？请小组合作，试着用小正方体在

---

① 施方良. 学习论［M］. 北京：人民教育出版社，2001.

② 吴庆麟. 教育心理学——献给教师的书［M］. 上海：华东师范大学出版社，2003.

硬纸板上摆出"数学城堡"的立体模型。

小组合作完成模型拼摆，并汇报："它们的正面形状是相同的，但是它们的左面不相同。""只知道正面的形状是不能确定物体的准确形状的。"

师：如果现在我再告诉你从左面看的平面图是这样的 ⬜⬜，你能在不改变正面平面图的情况下修改一下你的模型吗？

学生小组合作完成模型拼摆，并汇报："我发现，知道两个面还是不能确定物体的形状。"

师：好！下面老师就给出从上面所看到的平面图 ⬜⬜⬜。请继续修改你的模型。

学生继续小组合作，并分别展示。

师：现在能确定了吗？

生：能！

师：刚才我们连续摆了三次，才确定了这个物体的模型，请大家说一下通过刚才的摆一摆、看一看、改一改，你有什么收获。

生：只知道一个或两个方向看到的图形不能确定立体图形的形状，而知道正面、左面和上面的平面图就可以确定了。

从上面的例子可以看出，通过师生对话，教师及时把握住开展探究学习的最佳时机，从而进行活动，让学生通过操作探究，一步一步体会、感悟只知道一个角度所看到的平面图，可以有一种或者几种不同的摆法。知道正面、左面所看到的平面图，还是不能确定一个物体的具体形状。在这个时候，学生根据刚才的操作并结合自己平时的经验，迫不及待地要求教师再提供从上面所看到的平面图，从而感受到知识的本质，即只知道一个或两个方向所看到的图形不能确定立体图形的形状。在这一次成功的探究活动中，教师利用具体运演阶段学生的认知特征，通过问题促使学生思维火花碰撞，使其逐步逼近知识的本质，并在不断地探索、尝试的过程中，收获了丰富的实际体验，对规律进行了深度的理解和感悟，从而得以培养科学态度和求实精神，从中体验了成功的快乐。

2. 利用数学认知冲突强化深度学习

皮亚杰认知发展理论认为，学生的认知不平衡能够引发数学学习，学生从认知结构的不平衡到暂时平衡的过程，就是数学学习真正发生的过程。而深度学习认为，引发学生认知的不平衡，造成其认知上的冲突，就能够使学生在解决认知冲突的过程中加深对数学知识的理解。因此，教师在教学设计时，应充分挖掘能够引发学生认知冲突的点，让学生了解知识的形成过程，从而达到自主地走向知识深处的目的。

例如，在教学《复式统计表》一课时，教师为引发学生的认知冲突，故意将两个统计表分别印刷在正反两面，使学生产生优化统计表的欲望（见图2-2）。

复式统计

1.下面是我班部分同学一年级时的体重统计表。

一年级时的体重统计表

体重/千克	15及15以下	16～20	21～25	26～30	31及31以上
人数	0	2	6	5	5

2.这些同学的体重到了二年级会有什么变化呢？请用课余时间调查以下同学的体重。填在表中。

姓名	体重/千克	姓名	体重/千克
吴志坚		何璐琦	
许炜臻		凌陈浩	
黎社会		仇裕彤	
陈彦彰		区衍楷	
何婉瑶		林焯岚	
潘炼辉		刘宇航	
冼焯斌		何雨航	
吴迪		袁洪凯	
梁咏妍		黎家健	

3.根据调查到的体重情况，你会填写统计表吗？在填写统计表的过程中，你有哪些不明白的地方？

二年级时的体重统计表

体重/千克	15及15以下	16～20	21～25	26～30	31及31以上
人数	0	2	6	5	5

正面　　　　　　　　　　　　　　　　反面

图2-2　复式统计表

因学生在进行一、二年级两组数据的对比时，需要反复翻看正反两面的统计表，于是有的学生就说："老师，太麻烦了！真不好比较！"这时教师巧妙地利用这一知识冲突的契机，引导学生思考"如何解决这个问题呢"，使学生产生了将两个统计表合二为一的念头，从而使学生经历完整的知识形成过程。他们通过合理推断，体会数据的作用，促使经验转化为观念。特别是在质疑优化、体验过程的环节中，学生精彩的课堂生成，逐步带领他们走向知识的深处，从而达到良好的学习效果。

3. 利用数学认知结构的建构开展深度学习

皮亚杰认知发展理论认为，学生头脑中所获得的数学知识结构，就是数学认知结构。在学习的过程中，教师利用数学认知结构，通过具体的学习活动，如动手操作、合作交流、深度对话等帮助学生积累学习经验，从而建立知识表象，并让学生利用已有的认知结构同化新的数学知识，从而达到对新知的理解与掌握。这与深度学习所提出的通过整合的学科核心内容，将新知识融入原有的认知结构，从而达到知识迁移这一目标是一致的。在学生数学认知结构的建构过程中，我们可以深度挖掘知识的本质内涵，使学生真正经历新知的同化过程，从而在原有经验的基础上进一步丰富数学知识经验，不断促进自身对数学认知结构量的积累，并在量变的基础上实现对已有数学认知结构的完善与充实。

【教学片段】

例如，在教学二年级《混合运算》的第一课时时，对于如何让学生真正感受到递等式的优越性，教师创设了以下教学环节：

请计算下面各题：

35-14+8　　　　6÷3×4　　　　25+8-10　　　　4×3÷2

学生独立计算后汇报答案。

师：谁能说说每道算式都是先算什么再算什么的？

生1：第一题先算减法，再算加法。

生2：第二题先算除法，再算乘法。

生3：第三题先算加法，再算减法。

生4：第四题先算乘法，再算除法。

师：好像每一题都要说，我才能知道你们是怎样计算的，好麻烦啊！有没有一个好的写法，能让大家一眼就看出你是先算什么再算什么的。

学生独立尝试后汇报，出现了以下几种写法：

$$35-14+8=29$$
$$21 \rule{2cm}{0.4pt}$$

$$35-14+8=29$$
$$21$$

$$35-14+8$$
$$=21+8$$
$$=29$$

师：观察比较一下，你觉得哪一种比较好？为什么？

学生进行小组交流后，汇报。

……

从上面的教学中，可以看出教师有意识让学生先运用已有的知识经验进行计算，但由于每一次都需要解释其运算顺序，因此造成不便。于是学生产生了"再创造"的欲望，想要用一种新的格式，以便于容易看出运算顺序，由此他们"发明"出了递等式这一书写格式。在这一过程中，通过师生、生生的深度对话，充分调动学生已有的认知结构，使其对四则运算顺序相关的知识进行了充分运用，从而达到对递等式的理解和掌握，并加深了自身对四则运算顺序的理解，促进其对数学认知结构量的积累，实现了知识量变的目的。

4. 引导学生主动参与数学深度学习全过程

皮亚杰认为，通过练习也许可以教给学生某种知识，但是这种知识很快就会被忘记，所以在学习的过程中，必须让学生通过理解，将知识同化到自己已有的认知结构当中，从而在积极参与建构的过程中完成新知建构。这便需要教师创设有利于学生积极参与数学学习的情境，提供相应的学习活动，有意识地引导学生主动参与数学学习活动。教师应通过对小学数学核心概念的深挖，整合教学内容，打破学生原有的认知平衡，在学生的心理结构和知识建构之间重新建立平衡，实现"平衡—不平衡—平衡"的动态变化。

【教学片段】

例如，在教学《求不规则物体的体积》一课时，教师出示下面的题目：

小组合作利用一个长方体的容器、尺子、水等工具来测量一个土豆的体积。

学生们纷纷开展探究活动，并汇报：

（1）先计算出水的体积，再放入土豆，计算出后来的体积，后来的体积减去原来的体积就是土豆的体积。

（2）先标好水的深度，再放入土豆，标好后来的深度，后来的深度减去原来的深度再乘长方体的长和宽就是土豆的体积。

（3）先将容器装满水，再放入土豆，让水漫出。漫出的水的体积就是土豆的体积。

可以看出教师为学生提供了探索的空间，让学生通过讨论、合作，在探究的过程中发现不同的方法。正是在求异的过程中，学生发现了求不规则物体体积的各种方法，并找到了最简便的方法，因此求异的创造思维有益于启迪和挖掘学生潜在的智力。对于将不规则物体转化成规则物体这一思想方法进行深度探究，充分激发学生解决问题的兴趣，使学生能够在联想探索中进行思维发散，进行创造性思维培养，养成良好的求异思维能力，是教师重要的教学使命。

二、布鲁纳认知发现学习理论对小学数学深度学习的影响

在深度学习方面引起人们广泛关注的是布鲁纳的学科结构论。布鲁纳在强调学生如何才能具有学科结构的时候，主张使用发现学习这一方法，在教育心理学中也有人称之为认知发现学习理论。布鲁纳的学科结构理论和认知发现学习理论在课程论、教学论以及认知发展心理学方面具有重要的影响。[1]本节主要讨论这一理论在小学数学深度学习中的应用。

1. 在深度学习过程中利用多元表征促进学生对新知的认识

布鲁纳认为动作表征、肖像表征和符号表征是人类认识事物、表征事物的基本方式。在小学数学深度学习过程中，教师可以利用这一理论下的多元表征，充分调动学生的耳、脑、口、手等器官，促进其对新知识、概念等的理解与把握。

【教学片段】

例如，在教学一年级下册《解决问题》一课时，教师出示如下题目（见图2-3）。

图2-3　解决问题图

---

① 李光树. 小学数学学习论［M］. 北京：人民教育出版社，2014.

教师通过借助画图或操作让学生理解并分析数量关系，探究解题思路，突出了以画图来辅助分析数量关系的方法。学生在操作过程中出现了以下两种不同的画法，如图2-4所示。

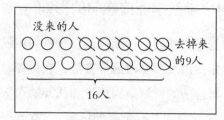 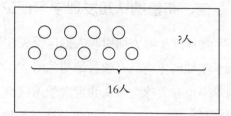

图2-4　学生出现的两种画法

这时教师引导学生根据自己的图表述思考过程：

生1：求还有几人没来？就要从踢球的总人数里去掉来的9人，所以用减法计算，16-9=7（人）。

生2：因为16人是总数，来的9人是其中的一部分，要求另一部分，所以用减法计算，16-9=7（人）。

在教学中，通过引导学生结合自己所画的图来表述思考过程，既可以反映学生对问题的理解程度，又能提供思考和解决问题的模型。其核心便是引导学生理解"……是总数，……是其中一部分……""……去掉……"，通过动作表征、肖像表征和符号表征的相互协调，使学生深度理解减法的概念，并运用这些知识来解决实际问题，从而有效培养学生的数学思维能力。

2. 在深度学习过程中注重数学学科知识结构的建构

布鲁纳的学科结构论主要是针对理科的学习而提出的，其中数学就是主要学科之一。他提出的学科结构论与"数学是一种结构"的数学观念比较吻合，因此在小学数学深度学习的过程中，教师应注重将学生的知识结构进行重新建构，使学生在新知识与原有知识之间建立联系，从而掌握数学核心概念及深层知识。很显然，小学生学习数学的过程就是一个建立知识结构的过程。

在具体的教学中，我们应该从只注重计算转向注重概念的教学，而在概念的教学中，应加强对概念之间内在联系的教学。理解概念的基础是数学结构，因此要将数学当作一门结构性学科来展开教学。而学生要掌握和建立数学结构，也要有一个建构过程，教师亦可以通过数学结构教学来帮助学生理解数学概念。

例如，在体会体积单位与长度单位、面积的不同时，教师出示了以下图片（见图2-5），并利用动画的形式，让学生进一步体会从低年级学习的点到线、线到面，再到今天学习的面到体的过程，从而使其明确了"点—线—面—体"的变化过程，以致在一定的关系与联系中建立概念的意义。

【教学片段】

说一说：1厘米、1平方厘米、1立方厘米分别是用来计算什么量的单位？它们有什么不同？

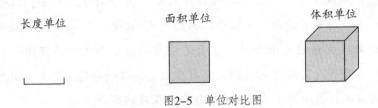

长度单位　　　　　面积单位　　　　　体积单位

图2-5　单位对比图

认知结构是概念与概念相互依赖、相互转化的动态中的心理联系和逻辑联系，是一种不断运动、变化、转化和发展的动态结构①。因此在学生认知结构的建构过程中，要不断使他们的知识结构从不平衡状态向相对平衡状态转化。

3. 在深度学习过程中设计适合小学生探究与发现的数学学习活动

学习数学的过程是一个探究与发现的过程，因此设计适合小学生探究与发现的数学学习活动就显得尤为重要。教师设计数学探究活动时，要注意符合学生的学龄特点，精心设计数学探究与发展的问题情境，给予学生自主发现的时间和空间，让学生完整地经历观察、实验、归纳、概括、猜想、验证的过程，从而达到深度学习的目的。

【教学片段】

例如，在教学四年级的《三角形三边关系》一课时，教师为每一位学生搭建了以下独立探究的空间：

老师为大家提供了4条线段，长度分别是12厘米、7厘米、5厘米、4厘米。请独立操作，任意选择其中的三条，尝试将其围成一个三角形，并将成功围成三角形的线段长度记录在表格1中；发现有不能围成的情况，就记录在表格2

---

① 张梅玲. 心理致胜：一位心理学家的教育发现［M］. 北京：中国石化出版社，2007.

中，看谁得到的数据多，不能重复（见表2-1）。

表2-1　探究围成三角形线段长度表

能围成三角形线段的长度			不能围成三角形线段的长度		
第一条	第二条	第三条	第一条	第二条	第三条

　　教师在巡视学生个体探究的过程中发现，有个别学生无法判断两边和正好等于第三边时是否能围成三角形，如12厘米和7厘米、5厘米这一组是否能围成。大部分学生通过看书知道"三角形任意两边之和大于第三边"，但对于"任意"两字的含义理解不透彻，没有真正领悟这一命题的含义。针对个体探究出现的情况，教师设计了下面的小组合作探究问题：

　　（1）小组合作分析，哪些可以围成三角形？哪些不能围成三角形？

　　（2）请结合自己围三角形的情况，在小组中解释一下"三角形任意两边之和大于第三边"这句话的意思。

　　在小组交流的过程中，有的学生便产生了以下疑问：12厘米和7厘米、5厘米（见图2-6）能不能围成三角形？有的学生就马上利用自己手中的学具进行操作验证，可是由于误差，有些小组仍然无法判断，这时有的学生就利用推理进行分析，因为7厘米加上5厘米正好等于12厘米，即两条短的边不能够形成一个角，所以三角形就没有顶点了，也就是不能围成三角形。

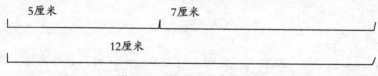

图2-6　三条不同长度的线段

　　关于第二个问题，有的学生在小组交流的过程中就提出了自己的疑问：7厘米<5厘米+4厘米、5厘米<7厘米+4厘米、4厘米<7厘米+5厘米，所以7厘米、5厘米和4厘米可以围成三角形。但是12厘米和7厘米、4厘米也有两边的和大于第三边的情况出现啊，如4厘米<12厘米+7厘米、7厘米<12厘米+4厘米，可是为什么这三条边不能围成三角形呢？

　　这时小组内马上有其他学生反驳：7厘米、5厘米和4厘米是有三组两边和大于第三边的；而12厘米和7厘米、4厘米只有两组是两边和大于第三边，还有一组是小于第三边的，如12厘米>7厘米+4厘米，所以12厘米和7厘米、4厘米不能围成三角形，因为只要有一组是小于第三边，就不能是任意两边之和大于第三边了。

在上面的案例中，教师引导学生进行独立思考、动手操作尝试，再根据学生独立思考所出现的情况，从学生学情出发开展小组合作学习，使学生经历了思考、操作、质疑、辨析、验证等一系列有意义的数学活动，有效地促进了学生在学习的过程中开展批判性思维，通过生生之间的辩论，将概念越辩越明，从而让学生在深度学习中真正感悟数学概念的本质。

4. 在深度学习过程中重视数学思想方法、基本活动经验和态度的迁移

数学思想方法是数学学科知识建构的主线，数学活动经验是展开数学活动、发现数学知识、形成数学基本技能的基础。《义务教育小学数学课程标准》在基本理念中指出："教师要帮助学生在自主探索和合作交流的过程中真正理解和掌握基本的数学知识与技能、数学思想和方法。"这说明数学思想方法对小学数学学习有着极其重要的作用。

数学思想方法蕴含数学知识，特别是数学概念的形成过程中。因此其在学生深度学习数学概念和规律的过程中是进行函数思想方法教学的重要载体，其具体的教学策略重在"悟"，而悟就需要过程，即一个循序渐进、逐步逼近思想本质的过程。在具体的教学中，教师需要精心设计，有意识地安排领悟函数思想方法的过程，让学生在"自然状态"下领悟函数思想的内涵。

【教学片段】

例如，在教学五年级《含有字母的式子》时，为了让学生充分感受到用字母表示数的优越性，渗透函数定义域思想，教师设计了以下的教学，让学生在变化的过程中初步体会数量之间的关系与联系：

已知老师比小黄的年龄大10岁，下面计算一下，当小黄11岁、12岁、13岁一直到30岁的时候，老师又是多少岁呢？请你分别写出老师的年龄（见表2-2）。

表2-2　小黄和老师的年龄表

小黄的年龄/岁	老师的年龄/岁

小黄的年龄/岁	老师的年龄/岁

学生在完成表格的过程中逐步发现，虽然老师与小黄同学的年龄在不断增长、变化，但他们的年龄差是固定不变的，即小黄同学每增加一岁，老师的年龄也增加一岁这个变化的规律。如果用 a 表示小黄同学的年龄，老师的年龄就可以表示为"$a+10$"。正是在计算年龄的过程中，学生逐步体会到老师的年龄随着小黄同学的年龄变化而变化这一最朴素的函数思想。也正是因为运用了过程性的策略，学生才经历了由个别到一般的认识过程，初步感知抽象的作用，从而感受到这两个量之间具有一一对应的关系，具体、形象地展示了变量之间的依赖关系，使学生从宏观上动态地把握了函数思想的内涵，从而经历了知识形成的过程，也深刻感受到变量间的对应关系与依存关系。

接着教师提出了有关函数定义域思想的问题："想一想，式子中的字母可以表示哪些数？"这使学生初步意识到，式子中的字母常常有一定的范围，而这个范围要具体问题具体分析，不能一概而论，从而使其初步感受到了函数的定义域思想。虽然在这个学习过程中，没有出现对应、函数、定义域等名词，但处处充满着这些函数思想，使学生将对于数的知识认知上升到更一般化的水平，对于算术中关于数的理论有了一般化、普遍化的认识，是从算术的实际向代数的抽象的一个飞跃，在"自然状态"下经历了"引发冲突—观察思考—解决问题—分析变量关系—讨论取值范围"的全过程，使其领悟到了初步的函数思想。

在深度学习的过程中，学生需要在长期的数学实践活动中反复运用数学思想方法，逐步实现完全个性化的理解。也只有结合具体的内容，通过教师有意识地安排与渗透，才能使数学思维方法转化为个体思维的"经验"与"习惯"，这样才能使学生真正掌握和灵活运用数学思想。

三、奥苏伯尔认知同化学习理论对小学数学深度学习的影响

戴维·奥苏伯尔（D. Ausubel），美国当代著名教育心理学家，曾获得美国心

理学会颁发的桑代克教育心理学奖。意义学习是奥苏伯尔教育心理学的核心概念之一，他认为"有意义的学习过程的实质在于，符号表示的观念以非任意的方式或在实质上（不是在字面上）同学习者已经知道的东西联系起来。所谓实质上的和非任意的联系，是指这些观念和学习者的认知结构中已有的特别有关的某一方面，如一个意象、一个已经有意义的符号、一个概念或一个命题相联系着"。[①]下面主要介绍奥苏伯尔的认知同化学习理论对小学数学深度学习的影响。

1. 在深度学习的过程中注重数学知识意义赋予和建构

奥苏伯尔认知同化学习理论认为，学习知识的过程就是赋予和建构知识意义的过程。在小学数学深度学习的过程中，要想达到深度学习，就应注重数学知识意义赋予和建构。一方面要联系学生的现实生活经验，利用生活经验赋予和建构数学知识的意义；另一方面要在构建数学知识意义赋予和建构的过程中，注意其形式的多样性，让学生经历和体验赋予和建构数学知识意义的全过程。

【教学片段】

例如，一年级上册《加法》一课时，教材编排如图2-7所示。

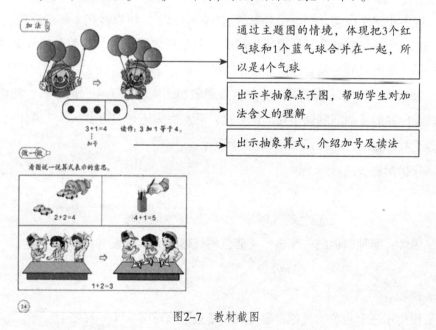

图2-7　教材截图

① ［美］奥苏伯尔.教育心理学——认知观点［M］.余星男，宋均，译.北京：人民教育出版社，1994.

当时任课教师充分借助学生对3+1的已有认识，先呈现教材中的主题图，然后通过动手摆、说一说等方式呈现点子图，让学生理解加法就是将几个数合并成一个数，最后呈现出算式，并从更多的角度丰富学生对加法的认识，通过找一找身边的"3+1"、摆一摆"3+1"等活动帮助学生进一步理解"3+1"的含义。整个教学过程似乎是严格按照教材编排的顺序去执行的，一切都那么顺理成章，但是不难发现，如果从解释自然数的加法本质的角度看，其实以上的教学忽略了对"相等"的含义的真正感悟。

其实四则运算都是源于加法，因为从加法运算可以产生减法运算、乘法运算和除法运算。史宁中教授在《如何解释自然数的加法运算》一书中提到，可以给予对应的方法来解释自然数的加法。

基于对应的方法，一种是基于定义的方法。很明显以上教师任教时所采用的是定义的方法，即直接让学生看到右边3个粉气球和左边1个蓝气球，变成半抽象就是

$$○○○○→○○○○$$

因为小学生在幼儿园就已经见过这样的知识了，所以合在一起就是4个，即3+1=4，当然一切似乎都是理所当然的，但是却忽略了对"相等"的含义的真正感悟，更重要的是没有涉及"等于"的本质。

那么该如何体现基于对应的方法来理解加法呢？基于上面的分析，我们将该教学内容的核心问题调整为"比一比，看左边多还是右边多？""为什么3+1会等于4？"并尝试进行了第二种教学设计：

先出示：

$$○○○ \qquad ○○○○$$

粉色的气球　　　　蓝色的气球

思考：哪种颜色的气球多？（蓝色的气球多）然后板书：

$$○○○ \qquad ○○○○$$
$$3 \quad < \quad 4$$

再出示一个粉色的气球，思考现在哪边的气球多？（一样多）

$$○○○←○ \qquad ○○○○$$
$$3+1 \quad = \quad 4$$

这样会使学生在不断比较的过程中，逐步体会概念的本质，而这样的教学

体现的就不仅仅是加法这一概念本身了，更是突出了数学概念之间的关系，突出了两个量之间的相等关系，即左边=右边；突出了符号"="的本质含义，即符号两边的量相等；学生还可以感悟到加上一个自然数比原来的数大的规律。

通过上面的案例，我们可以发现虽然教材上的例题是"死"的，缺少了"过程"，但我们的教学过程是"活"的，是动态生成的。那么教师在教学的过程中就应该充分根据知识的本质属性，把握好核心问题，注重数学知识意义赋予和建构。通过联系学生的现实生活经验，在构建数学知识意义赋予和建构的过程中，采用形式多样的教学活动，让学生经历和体验赋予和建构数学知识意义的全过程，使学生的思维不是仅仅停留在原有的水平上，更重要的是要引发其产生质的变化，从而达到深度学习的目的。

2. 在深度学习的过程中应根据数学知识的特征选择相应的数学学习方式

数学知识的特征决定了小学生学习数学的方式，它也是学生选择合适的学习方式的主要依据。例如，在学习24时计时法的时候，其中对计时法的命名、一日24小时等知识只能使用教师指导下的语言教学，采用直接接受的学习方式。但在探索24时计时法与12时计时法的转换等知识的时候，学生则可以通过探究获得，就可以采用发现学习的方式来操作。例如下面的教学案例：

【教学片段】

师：今天我们一起来认识24时计时法，请问一天有多少小时？一天从哪里开始？

生1：一天有24小时，一天从0时开始。

师：那么0时在哪里啊？

生2：0时在这里。（学生在钟面上指出0时，如图2-8所示）

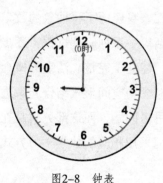

图2-8　钟表

师：可是我们的钟面上只有12个数啊，怎样表示24个时刻啊？

生3：时针一天在钟面上走2圈。

师：第一圈从什么时候开始走？

生4：从0时到12时是走第1圈。

（教师引导学生展开想象，化曲为直）：大家仔细看电脑演示，第1圈拉直，变成一条线段，如图2-9所示。

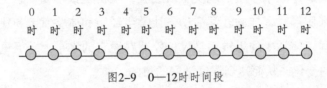

图2-9 0—12时时间段

再把第2圈拉直，变成一条线段，如图2-10所示。

0时 1时 2时 3时 4时 5时 6时 7时 8时 9时 10时 11时 12时 13时 14时 15时 16时 17时 18时 19时 20时 21时 22时 23时 24时

图2-10 0—24时时间段

学生平时很少使用24时计时法，因此在用24时计时法表示时，往往感到非常困难。更重要的是，由于钟面是一个圆形，将24时计时法与普通计时法进行对比时比较困难。针对这个问题，教师将原来的圆形化曲为直，从而渗透转化的思想，利用了三年级学生最熟悉的工具——数尺，引导学生对24时计时法中的24个时刻利用"数"的规律、方向进行观察与对比，从而清楚地发现24时（0时）既是后一天的开始，又是前一天的结束，有效突破了本课的难点，帮助学生理解24时计时法。学生在亲身经历了将抽象的数学概念形象化的过程中，通过辨别、抽象、分化、概括等一系列心理过程，逐步消除概念印象中不完整印象与完整概念之间的差异，建立了完整、清晰的概念，逐步体会到数形结合思想的精髓与核心，把数学概念与空间形式结合起来进行分析并解决问题，运用数学的思维方式看问题、思考问题，而这部分就是在教师指导下的语言教学。而在深度学习过程中，如何采用相应的数学学习方式，则需要根据数学知识的特征有目的地来选择。

又如，学生观察外圈数和内圈数之间的关系，则是他们在教师的引导下通过自主探究而获得的。

师：如图2-11所示，观察外圈的数和内圈的数，你发现了什么？

图2-11　钟表

学生通过小组交流后汇报：外圈的数就是时针走第2圈时所对应的24时计时法的时刻，因为走第2圈时已经走完一圈了，就是已经走了12小时，所以外圈的数和内圈的数相差12。

通过观察、对比钟面上外圈的数的含义以及钟面外圈的数和内圈的数的关系，为后面24时计时法与普通计时法之间的转换奠定基础，也就是在把下午几时或晚上几时用24时计时法表示时，只需把原来的时数加上12，即把时针走第2圈时所指的时刻分别加上12即可。学生通过观察、推理、归纳等一系列数学活动，通过自主探究、小组交流等学习方式，对24时计时法与12时计时法之间的本质联系进行分析，从而达到了深度学习的目的。

因此，在深度学习的过程中，选择合适的学习方式尤为重要。值得注意的是，在学习的过程中，往往不只存在一种学习方式，而是多种学习方式交互出现，教师应充分考虑学习对象的特征，采用合适的学习方式，组织学生开展深度学习。

3. 在深度学习的过程中精心设计"组织者"以促进学生的学习

在深度学习的过程中，教师应充当"组织者"的角色，在学生"已经知道的"和"需要知道的"知识之间架起桥梁。为了更好地充当"组织者"，教师首先要充分了解学生已有的知识储备，包括数学基础知识、基本技能、基本思想和基本的活动经验。其次要分析研究新内容的特点以及与已有"四基"的关系。同时教师要选择适合学生学习特点的方法，设计合适的呈现方式，使不同年龄的学生在数学学习中表现出不同的特点。

【教学片段】

例如，在教学《分数的基本性质》时，教师设置了以下的问题进行导入。

猜一猜：$\frac{1}{2}$、$\frac{2}{4}$、$\frac{4}{8}$ 的大小相等吗？为什么？猜一猜它会与我们以前学过的哪些知识相互验证？

学生独立思考并猜想后汇报。

生1：可以用纸折叠来进行验证，因为在三年级的时候，我们就是用折纸来认识分数的。

生2：我想用计算法，因为昨天我们才学完分数与除法的关系。

生3：我想用商不变性质来证明。

究竟大家的验证方法是否可行呢？下面大家可以自由选择以上的方法进行验证。

……

从上面的教学过程可以看出，由于教师根据五年级学生的年龄特点，利用问题"猜一猜它会与我们以前学过的哪些知识相互验证"，将学生的思维引向回忆旧知的过程，使学生充分调用头脑中已有的相关知识。例如，第1位学生受到了分数意义的启发，由于三年级第一次认识分数的时候便是利用折纸的形式引入的，具有直观性，这样利用直观图形帮助理解数的问题的数形结合思想，对于小学阶段的学生来讲，是他们非常愿意使用的一种方法。而第2位学生的计算法，则是调用了分数与除法的相关知识。第3位学生则将商不变性质与分数的基本性质调用出来，为新知的认识提供强有力的支持作用，为学生后续开展的深度学习奠定了基础。

4. 通过多种方式激发学生深度学习的成就动机

根据奥苏伯尔的成就动机理论，我们可以发现认知内驱力、自我增强内驱力和附属内驱力三种成就动机在学生发展的不同阶段有着不同的特点。因此在学生学习数学的过程中，教师首先要努力挖掘数学知识本身的魅力，以及数学在解决问题的过程中的作用，促使学生产生认知内驱力。其次应该为学生搭建宽广的探索平台，为他们创造数学学习的成功机会，使他们在解决问题中实现自我价值和表现自我，从而激发学生的自我增强内驱力。

例如，在教学《求不规则物体的体积》一课时，教师通过创设情境，促使学生灵活运用转化的数学思想有效地解决了问题，使学生在利用数学知识解决问题的过程中，感受到了快乐。

【教学片段】

例：如图2-12所示，有一个装了一部分水的瓶子，现在只有尺子这一个工具，你能想出好办法计算出这个瓶子的容积吗？

学生独立思考后开展小组讨论、交流，并尝试进行操作。下面是一个小组之间的讨论。

生1：可以先计算瓶子中半瓶水的体积，再用这些水的体积×2就可以了。

图2-12　装水的瓶子

生2：可是你怎么知道正好就是半瓶水呢？

生1：……

生3：我们可以直接求出下面那部分水的体积，可是上面空的那部分怎么办呢？

生4：就是啊！上面的那部分是不规则形状，既不是长方体，也不是正方体啊！

生2：有没有可能将上面不规则的形状变成规则的形状呢？

生1：怎么变啊？

生2：这部分水的体积我们是知道的，那我们将整个瓶子倒过来，让这部分水流到瓶子口，不就知道这个不规则的瓶子口的体积啦！

生3：对了，再量一量空的这部分瓶子的容积，将两次计算的体积相加就是这个瓶子的容积了。

小组成员欢呼雀跃！

转化本是化归这一数学思想方法的一种体现，在这次讨论中，教师通过多种方式激发学生深度学习的成就动机，创设了让学生自主探索的平台，让学生的思维经历不断探索、发现、再探索、再发现的过程，利用了水能流动的特点，将规则部分中的水流到不规则的部分里，实现了转化，这样使原本不规则的物体变成了已知的体积，从而使其体会到转化的数学思想，培养了数学思维的灵活性和独创性，让学生充分感受到了应用数学知识解决问题的快乐。

四、建构主义学习理论对小学数学深度学习的影响

教育心理学家对认知结构的进一步研究发现，在知识的建构过程中，学习者自身的作用越来越重要，人们的认识并不是对外在世界的被动、简单的反映，而是一个以已有的知识和经验为基础的主动建构过程。

建构是指学习者通过新旧知识经验之间反复双向的相互作用，形成调整自己经验结构的过程。在建构过程中，学习者对当前信息的理解要以原有的知识经验为基础，但又不是简单地提取和套用原有的知识经验，而是依据新经验对原有经验本身做出某种调整和改造。[①]

1. 在学习的过程中彰显多元化的数学观

美国数学家柯朗（R. Courant）在其所著的《数学是什么》中写道："数学，作为人类智慧的一种表达形式，反映生动活泼的意念、深入细致的思考，以及完美和谐的愿望，它的基础是逻辑和直觉、分析和推理、共性和个性。"[②]所以建构主义认为，数学仅仅是对现实世界中数量关系和空间形式的一种假设或解释。

从数学发展史的角度看，数学知识在不断地变化与创新，在小学数学知识的学习中，许多知识体现了建构主义这一观点。例如，在学习常用的量时，长度单位、面积单位、体积单位、重量单位、时间单位等都仅仅是一种约定而已。又如，学生在学习用字母表示数的时候，明白该字母并不表示具体的某一个数值。因此在深度学习的过程中，教师应该注重对"数学以及数学知识是什么？"这个问题的本质进行研究，充分地让学生认识到数学本身在不断发展与变化这一本质特点。

2. 将学生已有的知识和经验作为数学学习的生长点

在数学学习中，建构主义特别强调人在认识过程中的作用，其中人已有的认知是认识事物的基础，也就是说学生已有的知识经验在他们的数学学习中起着重要的作用。而这一观点与深度学习所提出的让学习者善于在新知识和原有

---

① 吴庆麟.教育心理学——献给教师的书［M］.上海：华东师范大学出版社，2003：195.
② ［美］R.柯朗，H.罗宾.数学是什么［M］.左平，张饴慈，译.北京：科学出版社，1985：3.

知识之间建立联系，掌握复杂概念及深层知识，逐步构建新的知识结构这一观点不谋而合。因此在深度学习的过程中，教师要充分利用学生已有知识的正向影响，发挥其积极的促进作用，同时要分析学生已有的知识经验所产生的负面影响，减少旧知识对新知识的干扰。

【教学片段】

例如，在教学四年级下册《四边形内角和》一课时，教师设计了以下的"课前小研究"对学生阅读教材进行导读。

课前小研究"四边形内角和"

请大家阅读课本第68页，并回答下面的问题。

1. 我们学过哪些四边形？猜一猜它的内角和是多少度。

2. 通过阅读课本，想想课本中介绍了几种验证四边形内角和的方法。也请你任意选一个四边形来验证它的内角和是多少度。

我发现了：

在验证的过程中，我遇到了以下问题：

3. 预习后我还想知道：

在阅读指导过程中，首先应让学生明确阅读的目标，如是在书本的第几页的什么内容；其次回顾已有的相关知识经验，帮助学生建立知识间的联系。通过反复的分析与论证，把握住学生的真实起点，通过不断让学生质疑、辨析，从而找到突破口，为学生创设合理的学习大空间，正是这种"思辨"能撬动学生的思维，使其数学学习不断涌现出高潮，从而建立起新知与旧知之间的联系，达到深度学习的目的。

3. 转变学生的数学学习方式

建构主义认为，数学学习过程是个体意义建构的过程，而学生对知识意义的建构方式具有差异性，因此在数学学习中要转变数学学习方式。教师要充分调动学生学习数学的积极性和主动性，使其主动参与数学知识意义的建构过程；结合数学知识的特点，采用多样化的数学学习方式，让学生真正参与数学知识意义的建构过程；根据数学知识的特点采用不同的呈现方式，让学生更加全面地建构数学知识的意义。

【教学片段】

例如，在数学综合实践活动课"探索图形"的教学中，教师为了让学生更好地探索图形分类计数问题中的规律，充分让学生进行自主探索，采用让他们用小正方体摆一摆、看一看等多种学习方式，使学生在数学实践活动中学会求知、学会合作、学会交流，在活动中品尝成功的乐趣。

通过设计有利于探索的工作纸，让学生带着问题、思考去操作、观察、想象、探索，并使其充分利用已有的知识经验进行归纳总结，积累活动经验。

"探索图形"工作纸

姓名：_____　　　班级：

1. 棱长是3和4的大正方体中，各类小正方体的块数各有多少个？（填入表2-3中）分别在什么位置？

表2-3　各类小正方形的块数（个）

棱长	三面涂色的块数	两面涂色的块数	一面涂色的块数	没有涂色的块数
3				
4				

2. 通过操作，你发现了什么？

为了让学生更好地体会分类计数、推理和数形结合的数学思想，丰富自己的思维活动经验，教师在教学中应先让学生通过直观观察例题图形形象，然后在头脑中建立表象，进行推理想象。

师：请小组合作摆棱长为3的正方体。先想象一下各类小正方体各有多少块，都在什么位置。

生1：我觉得涂3面的小正方体应该正好在这个大正方体的顶点的位置，所以应该有8个。

生2：我认为涂2个面的小正方体应该在棱的位置，正方体有12条棱，所以有12个。

生3：可是一条棱上有3个小正方体啊，为什么不是36个呢？

师：哦？有不同的意见了，待会可以操作看看。

生4：涂1个面的应该有6个，因为正好在大正方体的面上。

生5：我怎么感觉这个大正方体有个"心"啊，因为藏在里面的有一个没有涂色。

生6：这种小正方体应该不止1个吧！

师：上面都是大家的猜想，这样吧，下面我们就小组合作动一动手，摆一摆，看一看。

……

在解决问题的过程中，学生借助直观操作、观察立体图形等自主探索的学习方式建立表象，循序渐进地促进空间观念的发展，从而积累数学活动经验，感悟数学思想方法，充分彰显探索规律的教育价值，培养了观察、分析、抽象和概括的数学思维能力。

4. 教师在教学的过程中发挥引导者、合作者和促进者的作用

建构主义学习理论要求教师转变角色，充分发挥引导作用，积极参与学生的探究活动，与学生合作，并发挥促进作用，寻找合适的时机，选择贴切的方式，加速学生对数学知识意义的建构，从而促进学生关于数学知识个体意义的建构。

在以往的教学过程中，教师常会在课前预测学生的信息走向，并预备几种不同的教学方案。但在深度学习过程中，由师生互动、生生互动生成的资源才是师生心智活动的产物，教师应充分发挥引导者、合作者和促进者的作用，引导学生对生成的资源进行进一步挖掘，以实现教学资源的优化与重组。

（1）细心倾听学生的汇报，放开手脚让学生围绕核心问题展开辩论。

在实施深度学习的过程中，教师应营造广阔的思考空间，大胆地让学生围绕核心问题开展质疑，这样课堂的行进过程才有可能出现不规则的运动和思维突变，才可能迸发出智慧的火花。例如五年级下册《众数》的教学案例所示情形。

【教学片段】

例：学校举办英语百词听写竞赛，下面是五（1）班、五（2）班、五（3）班参赛选手的成绩，看谁最快找出下面几组数据的众数。说说你发现了什么。

五（1）：88　87　89　90　88　86　88　87　91　85

五（2）：88　87　87　92　88　87　88　87　88　83

五（3）：81　87　89　90　82　86　83　88　91　85

在对五（3）班这组数据进行讨论时，学生发生了激烈的辩论。

生1：我认为没有众数，因为这几个数都出现了1次，所以没有。

生2：我认为都是众数，正是因为这几个数都出现了1次，所以都是。

师：你们都试着再想想你们是根据什么理由来分析的，再试图说服对方。（这时教师并没有介入，而是继续将问题抛给学生）

生3：我支持没有众数这个观点，因为众数的定义是在一组数据中出现次数最多的那个数据，它们都出现了1次，没有最多啊！

师：大家听明白了吗？他抓住了哪个字？

全班：最多。

生2：我还是有点不服，它们都出现了1次，不能说它们都是最多吗？

生4：最多的意思就是要有两者以上进行比较才会有"最"啊，都是1次又哪里来的"最多"呢？

生2（恍然大悟）：哦！我明白了。

师：那这里我们应该填什么呢？

大部分学生异口同声：没有！

可是有一个学生小声地说"0"。

这时教师并没有放过这个看似无关紧要的小插曲，而是马上让这个学生说说为什么填"0"。

这个学生不好意思地说："0不就是代表没有吗？"

师：你们觉得他的想法有道理吗？（教师积极地利用瞬间出现的教学资源引发大家的思考）

马上又有学生进行反驳了：这组数据中没有0这个数据，所以不能填0。

……

从上面的案例可以看出，正是教师充分发挥了引导者、合作者和促进者的作用，引导学生大胆质疑、辩论，并积极参与到这些质疑当中，激发了全体学生的思维，使越来越多的学生参与了讨论，才实现了从"辩"到"析"的结果。最后一个问题——为什么不是"0"被提出，正是基于教师的细心聆听，及时抓住反馈信息，及时调整教学思路，才没有扼杀"思维的火花"，使得本课有了创造性的收获。

（2）仔细分析学生的汇报，引导其分析内在联系，感悟知识的本质。

在深度学习的过程中，由于学生经历了独立思考和合作学习，特别是他们借助教科书，能将很多知识在课堂上讲出来，但是对于其真正的含义，则有可能存在一知半解的情况。为了避免将"数学课"简单地上成"汇报课"，避免缺乏数学思维含量的学情出现，在实施教学的过程中，教师应积极将学生汇报的情况进行进一步对比、分析，使学生在思考其内在联系的过程中感悟知识的本质属性。

【教学片段】

例如，在教学五年级的《小数乘法》一课时，学生通过独立思考、小组交流后形成了以下几种算法。

例：$3.5 \times 3 =$

算法1：

$$
\begin{array}{r}
3.5 \\
3.5 \\
+ \ 3.5 \\
\hline
10.5
\end{array}
$$

算法2：

3.5元=3元5角

3元×3=9（元）

0.5元×3=1.5（元）

9元+1.5元=10.5（元）

算法3：

$$
\begin{array}{r}
3.5 \rightarrow \quad 35 \\
\times \ 3 \quad \times \ 3 \\
\hline
10.5 \leftarrow \quad 105
\end{array}
$$

不可否认的是，学生的这几种算法，有的是自己独立思考的结果，有的是小组交流的结果，还有的是参考教科书上的方法，那么在学生汇报完自己的算法后，该如何使他们在已有认识的基础上进一步提升呢？这便是教师该"显能"的地方了。

当各小组都介绍完自己的算法后，教师提出问题：思考这几种方法，说说它们有什么相同的地方和联系。

生1：我觉得算法1和算法2都是将相同数位对齐来计算的，而算法3的数位不对齐。

生2：我觉得算法2是算法3拆开来写的一种形式，其实算法3也是先用$0.5×3=1.5$、$3×3=9$、$9+1.5=10.5$。

生3：可是我不明白为什么算法3中的3.5和3不是数位对齐的。

师：算法3中是不是真的没有数位对齐？我们来看看它右边的计算过程？

$$
\begin{array}{r}
3.5 \\
\times\ 3 \\
\hline
10.5
\end{array}
\longrightarrow
\begin{array}{r}
35 \\
\times\ 3 \\
\hline
105
\end{array}
$$

生3：哦！我们将它变成整数进行乘法计算的时候，就是数位对齐了。如果把竖式写成这样：

$$
\begin{array}{r}
3.5 \\
\times\ 3 \\
\hline
10.5
\end{array}
\longrightarrow
\begin{array}{r}
35 \\
\times\ 3 \\
\hline
\end{array}
$$

把它变成整数乘法的时候就不能数位对齐了。

师：大家的发现真的是太精彩了，没错！算法3这样写，目的就是为了变成整数乘法的时候要数位对齐。所以三种算法相同的地方都是要数位对齐，哪怕是算法3也是为了计算的时候要数位对齐。其实我们在计算的过程中，都是只有相同数位上的数才能进行计算。

……

从上面的案例中可以看出，正是教师有效地抓住了学生几种算法中的内在联系，充分发挥了引导者、合作者和促进者的作用，进一步挖掘教学资源，才使学生展开了真正意义上的数学思考（而不是单纯地照本宣科），从而使他们进一步感悟到数的运算中所蕴含的本质——相同的计数单位才能进行运算。

　　深度学习常常发生在复杂的社会和技术环境中，通过分析现代学习理论发展对小学数学深度学习的影响，探索学习如何发生，进而对深度学习进行详细定义。我们可以看出，从现代学习理论对小学数学深度学习影响的角度看，小学数学深度学习主要聚焦数学认知冲突、数学认知结构的建构、多元表征、数学思想方法、基本活动经验和态度的迁移、数学知识意义赋予和建构等。教师应根据数学知识的特征选择相应的数学学习方式，通过多种方式激发学生深度学习的成就动机，从而设立不同的指标和评价模式来观察和测量深度学习，进而分析产生深度学习的环境条件。

3

第三章

从深度学习视角分析当前小学数学课堂教学中的问题

小学数学课堂教学为什么普遍缺乏深度？深度学习在怎样的情况、环境下才会发生？要找到问题的根源，就需要对小学数学课堂教学所存在的瓶颈问题进行理性的分析。

站在小学数学学科的基点上看，小学数学深度学习并不是单纯追求教学内容的深度，而是要追求数学思维的广度和数学思想的高度，主要集中在教学知识方面的深度、学生数学思维的深度、学习方法的深度等方面。因此，小学数学深度学习既是一种学习的方式，也是一种学习的策略。

站在小学生这个基点上看，现行的小学数学课堂之所以缺乏深度，学生之所以缺乏深层次的体验、刺激和感悟，其重要的原因就在于教师在课堂中往往忽略了学生自身对学习的需求、兴趣以及情感的交融。因此，如何根据小学生的学习、心理特点，触发学生的学习动机，是实现深度学习的一个重要课题。

站在学习这个基点上看，学习的本质在于持续地建构，在于引导学生不断地向纵深建构，突破和超越表层的知识学习、技能学习，将课堂学习提升到一个意义更为深远的智慧领域，提升学生的智慧价值，这也是深度学习的重要目的。

一、溯源：从深度学习视角分析当前课堂教学中的问题

随着新课程改革的不断推进与深入，课堂教学领域的改革越来越受到广

大教师的关注，课堂教学逐步褪去了形式上的新颖外衣，越来越追求"实"与"活"：真正关注学生的收获，思考学生在哪些方面能够真正有所发展。然而正如叶澜教授所言："要改变千百万教师的教学观念，改变他们每天都在进行着的、习以为常的教学行为，这几乎等于要改变教师习惯了的生活方式，其艰巨性就不言而喻了。"确实，追求课堂教学的深度、广度是教学的根本，而教师的教学理念和教学行为直接影响着课堂教学的深度与广度。其实从新课程实施以来，小学数学课堂教学能否真正体现素质教育的要求，教师的教学行为发生了哪些变化，教师们所面临的问题又是什么，成为人们关注的焦点。为此，我们对小学数学课堂教学的现状进行了调查，并结合调查结果来分析广大小学数学教师对数学教学的认识，从而发现和解决教学中存在的问题。

调查对象为广东省某城市中心地区、城区、乡区3所小学的全体数学教师。发出和收回问卷各80份，有效问卷80份。调查时间为2017年4月。调查对象的基本情况如表3–1所示。

表3–1　广东省某城市中心地区、城区、乡区3所小学的全体数学教师教段统计表

教龄	5年以下	5～9年	10～20年	20年以上
百分比/%	5%	5%	40%	50%

本文结合调查的结果与实际教学中所出现的现象，对当前小学数学课堂所出现的问题以及形成的原因进行剖析，试图通过分析、总结，找到理论与实践的结合点，为今后小学数学深度学习的研究和改进提供理论依据。

（一）对课前预设与课堂生成的实际矛盾的思考

1. 备课主要以参考教案、集合教参内容为主，导致课堂模式大致相同，缺少个性化教学设计

从表3–2中可以看出，有60%的教师在进行教学设计时首要考虑的是教学目标，并围绕着教学目标进行备课与课前预设。但是为了规范教学管理，教育行政部门对教案的规范化提出了一系列的要求，关键是统一了教师的管理模式。在调查的过程中，教师们普遍反映这些管理要求非常具体、详尽，导致的直接结果是教案设计成为固定的格式。表3–3、表3–4显示有65%的教师是采用直接在已有的参考教案或教参上进行修改的方式来操作的，即便这样，仍然有60%的教师表示写教案仍需要花费自己50%～80%的时间和精力，从而导致无法为富

有个性化及独特风格的教学设计提供足够的空间，致使教师无暇注重实效地思考课程标准要求、学情实际、教材内容、教学过程和教学反馈。

表3-2　教学设计内容统计表

项目	在教学设计中，您会首先考虑			
	教学目标	教学内容	教学手段	教学方法
百分比／%	60%	10%	10%	20%

表3-3　完成教案形式统计表

项目	您的教案是			
	每课都是自己写	有参考网上或教参的相关内容，直接在上面进行修改	完全照抄或买现成教案	没有写教案的习惯
百分比／%	35%	65%	0	0

表3-4　完成教案时间统计表

项目	您认为写教案会占用自己大约多少精力与时间		
	80%～100%	50%～80%	20%～50%
百分比／%	10%	60%	30%

2. 预设步骤过于详尽，使教学过程出现程序化，导致利用即时生成资源时出现困难

通过调查，从表3-5中可以看出，有30%的教师认为自己的教案非常详尽，有65%的教师认为自己的教案比较详尽，其中包括教学目标、教学重点、教学难点、教具准备、课时安排、教案正文、教后反思等，正文当中还要有导入语、每一道例题的详细教法、每一步学生需要做的练习，甚至连引导语、过渡语、小结语等都会一字不差地写清楚，使整个教学过程成为不折不扣的教案执行过程。在实际的教学中，常常会遇到教师囿于自己设计的过程与思路，而不善于根据教学情境、学生反馈调整自己的教学设计的情况。从表3-6中可以看出，有60%的教师反映在教学过程中，最难处理的部分就是在课堂上出现自己意料以外的情况，在如何利用好课堂中即时生成资源方面产生困惑。有60%的教师表示当学生没有回答出所谓的"最佳答案"时，他们常常感到"手足无措"，并仍然会根据自己的教案尽力地引导学生按照自己预设的顺序来回答，这样非常容易挫伤学生思考和探讨问题的积极性，扼杀学生的思维创造力。当无法确定他们所回答的是不是教师心目中的"理想答案"或者"标准答案"时，学生往往不敢轻易作出回答和反应。

表3-5　完成教案完整性统计表

项目	您认为您的教案		
	非常详尽、完整（包括教学目标、重点、难点、教具准备、课时安排、正文、反思。正文包括导入、详细教法、过渡语、小结语、总结等）	一般完整（包括教学目标、重点、难点、教具准备、课时安排、正文、反思。但正文以教学的主要框架为主）	不太完整（只有正文，并以教学的主要框架为主）/ 没有写教案的习惯
百分比 / %	30%	65%	5%

表3-6　在组织教学过程中最难处理的部分统计表

项目	您认为在组织教学过程中，最难处理的部分是（可多选）					
	小组交流实效	学生的注意力	学生是否积极参与思考	练习的实效性	组织学生进行自主探究	利用好课堂中即时生成资源
百分比 / %	40%	35%	75%	15%	20%	60%

（二）关于如何处理教材的若干思考

1. 缺乏对知识点的整体规划

在此次数学课程改革中，数学联系成了一种不可忽视的数学能力，即"要注重数学的不同分支和不同内容之间的联系，数学与日常生活的联系，数学与其他学科的联系"。但是从表3-7中可以看出，在一般情况下，95%的教师备课往往是以教学内容为单元一个课时一个课时进行的，同时有85%的教师认为，以课时为单位比以单元为单位备课更容易把握知识的重点。从表3-8可以看出，只有15%的教师会在预习的过程中引导学生回顾旧知，加强新旧知识的联系，而85%的教师布置学生回家预习的内容都是以自学新课为主。这样会使学生忽略对整本教材或整个学段整体知识的了解，他们对于每个知识点都平分精力进行繁琐分析，却无法顾及知识点之间的联系。在表3-9中，我们可以看到有25%的教师认为课程内容太多，教学任务无法完成，只有通过增加课时来弥补，从而无奈地延长了学生的学习时间，加重了学生的学业负担。正是由于教师对教材缺乏整体的规划，导致在日常的教学中将各知识点割裂进行平均用力，造成在日常的教学中有的课时容量不足，有的课时却出现满堂灌的现象，从而直接影响了课堂教学的有效性。

表3-7　备课的形式分析表

项目	您通常备课是	
	进行单元教学设计	进行课时教学设计
百分比/%	5%	95%

表3-8　预习内容分析表

项目	预习的内容，您认为是			
	自学新课的内容为主	回顾旧知的内容为主	练习新课内容为主	练习旧知内容为主
百分比/%	85%	15%	0	0

表3-9　提高成绩采取的措施情况分析表

项目	您认为要取得好的教学成绩，主要应采取的措施是			
	加强课外辅导	加强课外作业	提高课堂质量	增加教学课时
百分比/%	5%	5%	65%	25%

2. 缺乏从学生角度出发灵活处理教材的能力

从表3-10、表3-11可以看出，受传统课程观念的影响，90%的教师表明会偶尔改动教材的例题，而改动教材例题的主要原因为素材较生疏和呈现较困难，二者分别占了30%。教师一般都认为凡是写在教材里的就应该讲授，哪怕是他们可能一时找到了教材中的某种缺陷，或是明显感觉教材远离学生生活经验，仍不敢做较大的修改，更不用说去拓展、整合、增减教材的内容了。即使是要改动教材，主要还是以考虑方便呈现过程为主，较少从学生实际情况出发来处理。

同时，教师在日常的教学中，单凭教材与经验教学的现象大量存在，他们在教学过程中非常注重知识的积累与训练，却忽视了方法的学习和能力的培养。例如，综合实践内容通常被忽略，教师不善于挖掘教材蕴含的课程资源，缺乏数学思想的渗透等。

表3-10　运用教材情况分析表

项目	在教学过程中，您会		
	经常改动教材中的例题	偶尔改动教材中的例题	从不改动教材中的例题
百分比 / %	10%	90%	0

表3-11　调整教材理由分析表

项目	您改动教材的原因有			
	素材较生疏	例证不充分	呈现较困难	其他
百分比 / %	30%	20%	30%	25%

3. 较少深挖教材本身练习题目的内涵

在日常的教学过程中，部分教师由于受传统教育观念的影响，在设计教学内容时比较注重知识目标，忽略过程与方法；在设计练习时更注重的是知识点的训练，而忽略了方法的渗透。在调查的过程中，我们发现50%的教师在课堂教学过程中明显感到教材中练习内容不足，50%的教师认为教材中的练习内容基本充足。部分教师表示，在教学中由于教材练习的不足，在备课的过程中需花一定的精力和时间去收集补充练习，使他们更加无暇顾及如何更恰当地教学，缺少深挖练习题本身内涵的过程，较少地将知识点进行整合以及运用变式等策略进行巩固练习，而是单纯地关注如何安排练习。因此造成许多学生随着学习内容的增多而感觉学习压力大，这也正是由于学习方法掌握不够而导致学生能力差的具体表现（见表3-12）。

表3-12　对教材中的练习内容分析表

项目	对教材中的练习内容，您的看法是		
	明显不足，需要补充	基本充足	非常充足
百分比 / %	50%	50%	0

另外，通过调查我们发现，有70%的教师表示，练习题的设计主要是从各类参考书籍、练习题库中选取素材的。从表3-13中可以看出，在设计练习时，教师觉得最困难的是设计层次性练习和综合性练习，分别占45%和50%。对学生的情况与差异性分析不够，加上练习题目繁多、形式较为混乱、难度深浅不一、个别题目反复训练等，直接导致了教学的形式化、分化与低效化。

表3-13　设计练习最困难情况分析表

项目	在设计练习时，您觉得最困难的是		
	设计针对性练习	设计层次性练习	设计综合性练习
百分比/%	5%	45%	50%

（三）关于如何关注学生"原始起点"的思考

1. 习惯于按统一的标准衡量学生，默许分化现象

通过调查我们发现，大多数教师认为在教学的过程中个体差异总是存在的，而且这是任何人、任何办法都很难避免的。因此，大部分教师常常习惯于先在课堂上按同一个水平进行教学，然后在课后进行相应的辅导。从表3-14中我们可以看出，有85%的教师认为课外辅导对象分两层：既有学有余力的学生，又有学习困难的学生。目的是协调学生之间的差异性，殊不知这样的做法会导致更加严重的分化。从表3-15中我们可以看出，有50%的教师认为课外辅导占用了自己20%的工作时间，有个别教师认为甚至占用了自己50%的工作时间，而70%的教师认为辅导的人数一般占全班的50%。长此以往，容易导致教师和学生疲惫不堪，使教师失去工作热情，使学生失去学习乐趣。

表3-14　课外辅导对象分析表

项目	关于课外辅导对象，您认为是		
	课外辅导对象主要是针对学有余力的学生	课外辅导对象主要是针对学习困难的学生	课外辅导对象分两层，既有学有余力的学生，又有学习困难的学生
百分比/%	0	15%	85%

表3-15　课外辅导时间情况统计表

项目	现在，您课外辅导的时间占用了您的				
	80%左右的工作时间	50%左右的工作时间	20%左右的工作时间	5%左右的工作时间	不占用
百分比/%	0	20%	50%	25%	5%

2. 预设的课堂教学问题设计没有立足于学生的"原始起点"

通过实地考察我们发现，有些教师在确定教学目标的时候主要从怎样教的角度来考虑，而从学生怎样学的角度考虑的比较少。表3-16显示，仅有45%的教师表示在教学之前会专门抽空了解学生已有的基础。在设计课堂提问的时候，教师往往是从每个教学环节需要几分钟，及突破重点、解决难点要设置的问题出发，较少从学生真正的知识起点出发。对于真正需要学生进行思考的问题，教师却往往不舍得给学生时间，而是急于给出答案，唯恐完成不了教学任务；当学生的回答出现错误时，教师又急于纠正或马上将学生引导到设置好的答案上来。

表3-16　了解学情统计表

项目	在进行教学设计前，您会专门抽空了解学生已有的基础吗？		
	经常会	偶尔会	从不
百分比/%	20%	45%	35%

因此，在课堂上常常出现以下情况：一是问题过浅，导致课堂形成满堂问、满堂答的局面，举手回答问题的学生人数非常多，但多是不需要太深入思考的低水平提问或是学生已经理解了的问题；二是设计的问题过难或是目的不明确，令学生百思不得其解（如果不降低坡度引导的话，导致的结果便是教师代替学生将答案全盘托出）。正是由于没有充分考虑到学生的需要，因此教师在教学的过程中往往会失去很多"教育良机"。

（四）关于课堂教学过程中所遇到的困惑

1. 重合作学习的"形"，而忽视合作学习的"质"[①]

随着新一轮基础教育课程改革的逐步深入，课堂教学的组织形式也在悄然发生变化。新课程标准提出教育要面向全体，充分发挥学生的主动性，强调教学过程是师生、生生之间的交流互动，并提出了"自主、合作、探究"的学习方式。这便将原有的，单一、被动的学习方式打破，出现了旨在充分调动、发挥学生主体性的多样化学习方式，其中合作学习是新课程改革在课堂教学中应用最多的学习方式。

---

① 叶澜. 让课堂焕发出生命活力——论中小学教学改革的深化［J］. 教育研究，1997（9）.

但是，我们在实践调查中发现，有85%的教师单纯地认为只要有合作学习这种组织教学的形式便是一堂好课，他们并不是从教学目标本身或是学生学习的具体情况出发来辨别。正是由于教师在合作学习的目的、意义、操作方法和规律等方面存在认识上的偏差，缺乏对此活动的深入研究，课堂教学中的"合作学习"往往存在"注重形式、忽视实质、缺乏实效"的现象。有40%的教师在受访时表示在组织教学的过程中，最难处理的就是小组合作学习的实效性（见表3-17、表3-18）。

表3-17　组织教学情况分析表

项目	您认为在组织教学过程中，最难处理的部分是（可多选）					
	小组合作学习的实效性	学生的注意力	学生是否积极参与思考	练习的实效性	组织学生进行自主探究	利用好课堂中即时生成的资源
百分比/%	40%	35%	75%	15%	20%	60%

表3-18　好课标准统计表

项目	您认为一堂好课必备（多选）					
	精彩的导入	有小组合作交流	流畅的教学过程	学生精彩的回答	教师严谨、精炼的语言	学生自主探究
百分比/%	70%	85%	50%	40%	80%	85%

2. 关于如何挖掘教学中的生成性资源的思考

有的教师认为，课堂教学是有明确目标和具体内容的活动，课前必须有周密、详尽的备课，往往把课堂设计得天衣无缝，甚至剥夺了学生参与课堂教学的机会。在调查过程中，我们发现造成这种教与学脱节现象的原因主要是教师对学生的认识存在误差。主要表现在：

（1）对学生认识能力评价过高，以为学生在某个问题上不会出现问题，在预设时没有考虑到。

（2）对学生的个体差异估计不足，要么远离主题、不着边际，要么超出预设，回答得更加精彩。

（3）有个别学生求异思维活跃，其能力超越了知识本身的范畴，引出更深层次的思考。

但是在调查的过程中（见表3-17），有60%的教师认为在处理以上几种课堂偶发事件时存在困难，主要是因为在具体的教学中，教师无法及时调整好自己的预设，给生成腾出空间，机智地驾驭课堂，让课堂呈现别样的精彩。有80%的教师表示，其实并不是自己没有发现教学中的"偶发事件"，而是发现了但一时措手不及，不知该如何处理；或者自身并不缺乏对课堂的敏感，但由于自身知识和能力的限制，只好对这些问题采取"冷处理"，对问题消极回答或一味应付。这样做的后果是直接挫伤了学生思考和探讨问题的积极性，扼杀了学生的思维与创造力。

（五）在利用多媒体资源方面的思考

多媒体教学是现代教学常用的一种方式，它所带来的便利和优势是其他教学手段无法比拟的。但是调查中发现，由于教师对多媒体课件的开发和使用期望太高、太重，而出现过分依赖课件的情况。有些教师单纯地追求课件的高、新、奇，课前耗费了大量的时间、精力。调查数据说明，有85%的教师在教学中经常使用多媒体进行教学，其原因中使用方便占30%，教学效果好占70%，且其中有70%的教师表示制作多媒体教学资源需要花费自己约30%的工作时间（见表3-19、表3-20、表3-21）。

表3-19　使用多媒体教学分析表

项目	在教学中，您经常使用多媒体进行教学吗		
	经常用	偶尔用	很少用
百分比 / %	85%	10%	5%

表3-20　使用多媒体教学理由分析表

项目	如果您使用多媒体教学，主要是考虑			
	使用方便	教学效果好	学校要求	其他
百分比 / %	30%	70%	0	0

表3-21　制作或搜索多媒体教学资源所占时间统计表

项目	制作或搜索多媒体教学资源，您认为占用工作时间的比例为			
	80%左右	50%左右	30%左右	不占用
百分比 / %	15%	15%	70%	0

在教学过程中，我们经常可以看到一节课上教师从开课到结课始终都在使

用课件，课件的演示有时甚至取代了教师的引导与学生的思维，有些该探究的活动也被课件取代了；部分教师甚至有明显跟着课件走的倾向和痕迹，教学节奏也是由课件来决定的，致使教师和学生都成了课件的操作者和跟随者。

让我们的课堂有效率，有魅力，是一线教师的梦想，需要教师有教育智慧与行之有效的教学策略。希望以上分析可以为我们今后的研究和改进课堂有效教学提供依据，让我们的课堂恢复对学生的吸引力，并向着更完美的方向发展。

二、前提：教学设计转变教师对教材的理解方式

根据以上调查分析，我们认为，课堂教学准备的过程中应注重转变教师对教材的理解方式。教师在课堂教学之前的方案编写阶段所要做的工作除了理解教材及编者的意图，强调知识与技能的目标以外，还应该转向关注学生的进步和发展。而在实施有效课堂教学的准备阶段，教师应从思想上真正顾及学生各方面的实际需求，以师生共同的活动来促进学生各方面的发展，并结合自身的教育智慧与机智，真正实现课前预设与课堂有效生成。

（一）创造空间——"弹性预设"教学设计

通过调查与分析，我们发现当前教师在教案设计方面普遍采用较为固定的格式，不以课程标准为依据，而是凭借教材与自己的教学经验和习惯做法以及学习活动的性质进行。因此，在深度学习的模式中，更加强调教师应基于对教材的钻研并结合对学情的了解进行"弹性预设"。所谓"弹性预设"，即首先要把教学过程看作一个动态生成的建构过程，在这个过程中，教师进行预设时预留"弹性时空"，使整个预设有更大的包容度和自由度，重在全程大环节的关联式策划，并且在每个大环节中充分考虑学生学习时可能出现的各种情况。例如，以下"求不规则物体的体积"的教学设计（见表3-22），就提供了一种新型的、基于课程标准的设计思路，其突出的特点便是目标源自课程标准，注重各大环节的关联，学习评价设计先于生成并直指学生学习的质量。

表3-22　掌握利用排水法求不规则物体的体积教学设计

本节课学生掌握目标后的表现： （1）利用量杯和水，理解排水法，并利用排水法求不规则物体的体积。 （对于本课来说，学生要利用量杯和水理解排水法的原理，并利用这种方法求不规则物体的体积。） （2）综合运用长方体和正方体的体积计算，结合排水法求不规则物体的体积。 （对于本课来说，学生要使用长方体或正方体的容器，运用排水法求不规则物体的体积。） （3）在解决问题的过程中体会转化的思想。 （对于本课来说，是理解利用排水法将不规则物体所占的体积转化成水的体积，再利用长方体或正方体的体积，求出不规则物体的体积。） （4）分析各种信息，创造合理的实验方案。 （对于本课来说，方案设计应操作简便，程序清晰、严谨，尽量减少误差。） （5）应用实验方案正确地执行实验操作。 （对于本课来说，要能正确使用器材，并在实验过程中进行小组分工合作。） （6）能运用新学的知识灵活解决实际生活中的问题	本质问题： （1）为什么升高的那部分水的体积就是不规则物体的体积？ （2）如何在不使用量杯的情况下，用排水法进行不规则物体的体积测量
表现性任务的设置： （1）请利用量杯、笔、水、尺子这些工具测量出西红柿的体积。 （2）请利用长方体或正方体的容器、笔、水、尺子这些工具测量出土豆的体积	
学习活动设计：（节选） （1）学生完成以上两个表现性任务。 （2）解决下面的实际问题： 如右图所示，有一个装了一部分水的瓶子，现在只有尺子这一个工具，你能想出好办法计算出这个瓶子的容积吗？ ……	

　　从上面的设计可以看出，本教学设计并没有局限于教材中所呈现的内容，而是在把握课程标准要求的基础上，设置了两个表现性任务，而该任务的评价目标便是学生在本节课所需要达到的学习目标。与传统的教学设计相比，它的呈现更突出，具体表现在四个方面：①关于课程标准对于这部分学习内容的陈述；②检测这些表现的评价活动方案；③本节课的核心课堂问题，即指引起学

生关注学习内容的关键问题，有利于培养学生发现课程的"大观念"问题（例如，"为什么升高的那部分水的体积就是不规则物体的体积"这个问题所隐含的便是数学思想当中的转换思想）；④更关注学生的学习，所设置的表现性任务和学习活动融为一体。

需要重点强调的是，计划后的实施不是贯彻计划，在具体的教学过程中，教师应根据课堂情境进行及时调整，而其调整最重要的因素与依据便是课堂上学生的反应。如果教师不能做到随机应变，那么详细的计划可能起到的就会是副作用，因此教师的灵活性就显得非常重要了。

（二）立足学情——形成针对性学情目标

传统教育中的学生观过分强调学生缺乏知识、能力和经验的一面，而不关注学生潜在状态、内在积极性和发展可能性，将知识点人为地割裂开来，到了期末复习考试时，才将一个学期的知识点简单地联系起来。因此，在具体的教学中，教师应分析学情，将学生的发展放在第一位，将具体的学情与教学内容有机地结合起来，从知识的整体出发，如此才能使自己既准确地把握教材，又能在课堂教学中如鱼得水、游刃有余。

在教学之前，教师对学情的分析尤为重要。由于深度学习强调的是内容整合，整合意义有联系的学习内容，因此教师在授课之前，要充分了解学生的共性、个性，以及已有的知识储备。

在落实深度学习的过程中，需要注意以下几个方面：

（1）在教学的每一个内容中，应重视对学生一到两个意识或能力的培养。

（2）每一节课的教学，还应对具体的学生进行有针对性的设计，依据学生的实际情况"量身定做"弹性目标。既制订"底线目标"，即人人都应该达到的目标，又要有"高标追求"，即为学生的学习成长提供更好、更高的发展空间，使学习的目标有"弹性区间"。这既是为了顾及学生之间的差异，也是考虑到期望目标与实际结果之间可能出现的差异而做出的周全准备。

（三）整体把握——凸显结构设计的整体性

深度学习的一个基本理念就是要求学习者不仅获取有用的信息，建立新知与旧知之间的联系，还要深挖概念本质，掌握深层知识，并重新建立知识结构。作为教师，我们在教学过程设计时应该注意方法的总结与渗透。

因此提出了处理教材的两个原则[①]：一是设计先行组织者，二是逐渐分化的原则。所谓先行组织者，是指一些与教学内容相关的、包摄性较广的、比较清晰和稳定的引导性材料，为学生提供了理解和记忆新知识的脚手架。所谓逐步分化的原则，是指学生首先应学习最一般的、包摄性最广的观念，然后在上位概念的同化之中学习下位概念。

奥苏伯尔认为，学生从已知的包摄性较广的整体性知识中掌握分化的部分，要比从已知的分化部分掌握整体性知识的难度更低。所以从整体到局部，或者说从上位到下位的学习过程，是与人类习得知识内容的自然顺序和个体对知识的组织、储存方式相吻合的。

【教学片段】

例如，下面这位教师在教学"分数的基本性质"时，就采用了"整体—部分—整体"的逻辑。

师：这里有一张正方形纸，你能用分数表示出涂色部分的大小吗？（见图3-1）

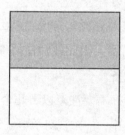

图3-1　涂色的正方形纸

生1：$\frac{1}{2}$，因为将正方形看作单位"1"，把单位"1"平均分成2份，其中的1份是它的$\frac{1}{2}$。

师：如果将这张正方形纸继续对折，你还能找出哪些分数？

学生继续对折，汇报。

---

① 李晓文，王莹.教学策略［M］.北京：高等教育出版社，2000：61-62.

生2：我将这张正方形纸对折两次，找到的分数是$\frac{2}{4}$。

生3：我对折三次，找到的分数是$\frac{4}{8}$。

生4：我找到的分数是$\frac{8}{16}$。

教师在黑板上进行相应板书，如图3-2所示。

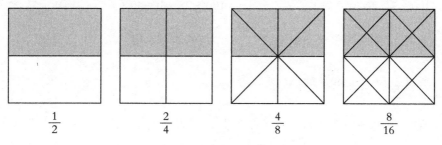

图3-2　涂色部分所在分数

师：为什么分子、分母都不同，但大小却相同呢？

生5：因为同样的一张纸，涂色部分的大小也相同。

生6：因为同一张纸，平均分的份数扩大了，取的份数也同时扩大了，所以它们是相等的。

师：这样相等的分数找得完吗？

生：找不完。

师：观察这些分数的分子和分母，说说你发现了什么。

生1：分子、分母依次乘2。

生2：分子、分母同时乘2、乘4、乘8、乘16。

生3：从右往左看，分子、分母同时除以2、除以4、除以8、除以16。

师：原来分数的分子、分母同时乘或除以2，4，8，…，分数的大小是不变的。

师：如果分子、分母同时乘或除以其他的数，这些分数还会相等吗？你能举个例子试一试吗？

生4：我举的例子是$\frac{2}{5}$和$\frac{10}{25}$。

师：请你用自己的方式试着说明$\frac{2}{5}$和$\frac{10}{25}$相等。

学生尝试验证，并在小组交流、汇报。

生5：我是这样想的，有100个苹果，平均分成5份，取其中的两份，就是40个苹果。同样有100个苹果，平均分成25份，取其中的10份，也是40个苹果，所以$\frac{2}{5}$和$\frac{10}{25}$是相等的。

$100÷5×2=40$（个）　　　　　　　　$100÷25×10=40$（个）

生6：$\frac{2}{5}=2÷5=0.4$ 　　　　　　　　$\frac{10}{25}=10÷25=0.4$

所以$\frac{2}{5}$和$\frac{10}{25}$是相等的。

生7：我是画图表示的，说明$\frac{2}{5}$和$\frac{10}{25}$也是相等的（见图3-3）。

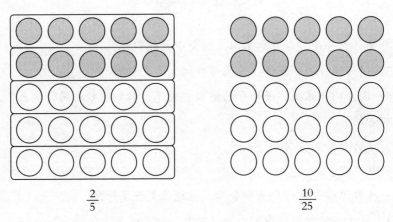

$\frac{2}{5}$　　　　　　　　　　　　　　$\frac{10}{25}$

图3-3　分别画图表示$\frac{2}{5}$和$\frac{10}{25}$

师：刚才我们一起验证了$\frac{2}{5}$和$\frac{10}{25}$相等，下面请你任意写两个分数，也来验证一下它们是否相等。

学生独立举例验证，小组交流后汇报。

师：在举例子的过程中，你有没有遇到什么问题？

生8：我举的例子是$\frac{3}{7}$和$\frac{9}{21}$，可是分子除以分母除不尽，怎么比较呢？

师：谁能帮助这个同学解决问题呢？

生9：因为被除数和除数同时乘或除以一个相同的数（0除外），商不变，所以不用算出具体的商也可以知道它们相等。

$$\frac{3}{7} = 3 \div 7$$
$$\downarrow \times 3 \mid \times 3$$
$$\frac{9}{21} = 9 \div 21$$

师：原来还可以用商不变的性质来进行验证，你的想法真好！下面大家都用商不变性质来验证一下刚才你们举的例子，看看两个分数是否相等。

师：通过刚才的举例和验证，请你说说什么是分数的基本性质。

生1：分数的分子和分母同时乘或除以一个相同的数（0除外），分数的大小不变。

师：对于这个结论，你还有什么不明白的地方吗？

生2：乘法和除法都可以，那加法、减法是否成立呢？

师：要想知道答案，我们可以用研究的方法，举例子然后验证。请你自己举个例子验证一下吧！

学生再次举例、验证，并小组交流汇报。

生3：我举的例子是 $\frac{1}{9}$ 的分子、分母同时加1，所以是 $\frac{2}{10}$。

$$\frac{1}{9} = 1 \div 9$$

$$\frac{2}{10} = 2 \div 10$$

被除数乘2，除数不是乘2，所以商不相等。

生4：我举的例子是 $\frac{3}{4}$ 的分子、分母同时减2，所以是 $\frac{1}{2}$。

$$\frac{3}{4} = 3 \div 4$$

$$\frac{1}{2} = 1 \div 2$$

被除数除以3，除数除以2，所以商也不相等。

师：看来要保证分数的大小不变，分子、分母只能乘或除以一个相同的数（0除外），加法和减法是行不通的。

……

我们可以看到，教师是按照"整体—部分—整体"的逻辑来设计教学过程的。为了充分调动学生已有的知识，教师调整了素材的呈现方式，让学生通过不断对折，找出若干个与 $\frac{1}{2}$ 相等的分数。一方面让学生从整体感悟有无数个与 $\frac{1}{2}$ 相等的分数；另一方面为学生进一步提出猜想提供了大量的素材，使学生通过观察获得发现，进而对一般情况做出猜想。

接着教师通过问题"为什么分子、分母都不同，但大小却相同"，引发学生的深度思考，通过观察不同的折纸方式，让学生把握知识之间的内在结构、学习方法的结构。学生通过学习能够先从整体上对学习内容有初步的感悟和体验，为发现问题、研究问题和形成新知识提供脚手架式的结构支撑。因为平均分的份数（分母）增加了，所以取出的份数（分子）也相应地增加，学生借助图形充分感知知识的本质，为后面的推理埋下伏笔。最后通过大量的举例，将新旧知识紧密地联系在一起，使学生逐步感受到了一条非常清晰的知识网络，从而激发学生进一步学习的主动性，并在此基础上提升学生发现结构、灵活运用结构和训练结构化思维的能力。这样的设计改变了以往一节课"匀速运动"的教学方式，摆脱了课堂的限制。

（四）有效预设——预设思维发散点，促使有效生成

在教学的过程中，预设思维发散点，把握教学时机，对问题进行深入讨论，可以有效渗透数学的思想方法，发展学生的思维能力。深度学习注重在学习的过程中，通过大问题的设计，引导学生围绕大问题进行开放性和弹性的交互式学习，并以大问题设计为前提，将教学重心下移，使得人人都能参与思考、参与活动，将学生的真实学习起点完全暴露出来，然后通过有效的追问，将学生生成的不同信息和资源"收上来"，为生生和师生互动提供互动性资源，从而实现教学过程的推进和学生认识的提升。

因此，对于深度学习的教学，应充分理解教材的设计意图，在有效预设的基础上，注重捕捉学生的基础性资源，在进行资源价值判断的基础上做好资源

回收。

例如下面这个例子，教师正是在预设了思维发散点之后，提出了"你能解释一下为什么阴影部分是大平行四边形面积的一半吗"这个问题，很好地将问题进行了一种精化，以大问题领引引发学生展开激烈的辩论。

【教学片段】

例1：已知平行四边形的面积是48平方厘米（图3-4）。A、B是上、下两边的中点，你能求出图中小平行四边形（阴影部分）的面积吗？

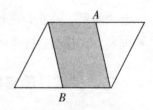

图3-4　平行四边形中的阴影部分

题目一出，学生便说了阴影部分的面积占了大平行四边形的一半。于是教师进行自然追问："你能解释一下为什么阴影部分的面积是大平行四边形面积的一半吗？"

生：连接点A与点B（见图3-5），这样就可以看出阴影部分占了两份，空白的部分占了两份，所以阴影部分的面积占了大平行四边形的一半。

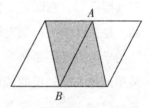

图3-5　连接点A与点B

生1：为什么这样一画，你就知道是把大的平行四边形平均分成了4份呢？如果不是正好平均分呢？

师：对啊，你能解释一下自己的想法吗？

生：可以这样移一移（见图3-6），就可以看出来了！

生2：你怎么知道就能正好放进去呢？有没有可能放不进去呢？

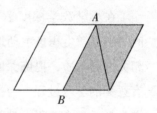

图3-6　移动阴影部分

生3：因为点A和点B是两个底的中点，这样就说明四个三角形是等底等高了，所以面积就相等了。

师：谁还有其他不同的看法？

生4：我又有个问题，等底等高的三角形的面积是相等的，但是形状不一定相等啊，所以有没有可能形状不同呢？

生5：不可能的，因为这四个小的三角形都是底相等，而且都在同一个平行四边形的底上，即高也是相等的，而且阴影部分的两个小三角形是可以拼成一个小的平行四边形的，由此可以证明这四个小三角形是等底等高而且形状相同的三角形。

......

从这样的争辩中，可以看出正是教师在预设时预留了发散点，提出有效后续问题："你能解释一下为什么阴影部分的面积是大平行四边形面积的一半吗？""谁还有其他不同的看法？"，才促使学生不断进行辨析，并能主动地站起来争辩。而正是在这种"争锋"中，学生逐渐体会到了什么是数学的"刨根问底"，什么是数学的"有根有据"，什么是数学的"探究精神"。

三、关键：课堂提问引领学生深度学习

在教学准备之后，教师便要进入课堂的实施阶段了。但是不同的课堂，其关注点不同，所采用的教学行为与策略也不同。从上面的调查结果看，我们不禁要反思：在课堂上教师所关注的是学生的全面发展还是只有知识目标的达成？是关注学生长期发展还是仅仅关注眼前的发展？是关注学生发展中富有个性的学习方式还是将学生学习看成一个统一的共性活动？是关注学生的兴趣还是单纯地关注知识的传授？不同的关注点会产生不同的教学效果。因此，教师只有建立正确的教学观与学生观，采用有效的教学策略，才能实现学生的深度学习。

（一）分层设置——以问题引领学习分层

在小学数学深度学习的过程中，教师应注重设计问题情境，通过提出大问题引导学生积极主动地参与探索数学核心知识的学习过程，整体分析与理解相关内容本质，提炼深度探究的目标与主题。这是学生体验成功、获得发展的有意义的学习过程。为了给每位学生创设施展才能的平台，促使学生主动参与课堂教学的全过程，教师在教学中应该设计能够促使学生深度思考的课堂大问题，依据不同类型学生的接受能力，设计不同层次的有效追问，使学生能在各自的能力范围内得到充分的提高与发展。

1. 对受暗示参与型学生的引导

受暗示参与型学生在课堂上的表现通常为：当收到老师或同学中的榜样暗示时能积极参与，一旦暗示结束，学习热情便降低，有时甚至会出现精力不集中的现象。对于这类学生，教师可提出相对低层次的问题，让他们在受到一定的暗示后，激起学习的热情。例如，在教学"体积与体积单位"一课时，教师

可以对这类学生提出"看到体积单位，你会想到之前我们学过的哪些单位？"这类问题，由于学生已有一定的知识基础，相对比较容易回答，属于低层次的问题，因此将这类问题交给受暗示参与型的学生，可以激发他们的学习热情，让他们尽可能地展示自己的学习成果，体验成功。

2. 对积极参与型学生的引导

积极参与型学生有着强烈的表现欲，喜欢思考，有一定的质疑能力，并能大胆地把自己的想法表现出来，但是他们往往缺乏一定的耐心，思考不够周密。因此在教学的过程中，教师应该将高层次发散型的问题交给这类学生。例如"你是怎样想到的？你的依据是什么？你觉得还需要补充些什么吗"，这类问题可激发他们的表现欲，并能培养他们思考的严谨性与质疑的能力。

3. 对自由游离型学生的引导

自由游离型学生的主要表现为上课注意力不易集中，常常只对自己感兴趣、有挑战性的问题感兴趣，而且倾听的能力较弱，较少体验到学习成功的快乐。因此在教学的过程中，教师可提出一些可激发学习热情的问题（如"挑战性的问题，如"你还有其他想法吗？对于他的意见，你需要反驳"）；或是训练倾听能力的问题（如"你听懂他的意见了吗？对于他的意见，你还有哪些方面没有听懂"），这类问题可以对学生起到强化诱因的作用。

（二）高质量追问——动态生成教学资源

《基础教育课程改革纲要》在课程目标的具体表述里提出了6个"改变"，其中首要的是"改变课程过于注重知识传授的倾向，强调形成积极主动的学习态度，使获得基础知识与基本技能的过程同时成为学会学习和形成正确价值观的过程"，这便是新课程改革中所提出的"三维目标"。正是在这样的目标指导下，深度学习的课堂教学从以往的灌输式教学发展为动态生成性的教学，而这种变化最显著的标志就是课堂教学的灵活性和多元化。因此也对教师的主动性和灵活性提出了更高的要求，教师需要用切实和灵活的教育艺术来迎接不断变化的课堂，只有拥有高超的教学智慧才能适应新课程改革的需求。

那么，如何才能有效地运用教学机智及时地调整好自己的教学呢？

首先，教师应该是一个敏锐的倾听者和发现者，把"偶发事件"的价值发挥到最大化。例如，在下面这道练习题的教学处理中，教师做了一位忠实的"听众"，并及时抓住解决问题过程中学生出现的"闪光点"，有效地运用了教学机智，动态地进行了生成课堂，如此才实现了预期的教学目标。

【教学片段】

例：双休日，爸爸带小勇去登山，从山底到山顶全程有7.2千米，他们上山用了3小时，下山用了2小时，上山、下山的速度各是多少？

师：想想对于这道题，你有什么不明白的地方？

生1：为什么上山的时间用得多，下山的时间用得少？

生2：因为上山吃力就像上楼梯一样，下山相对比较轻松，所以上山时间长，下山时间短。

师：你还能提出哪些问题？

生3：上山和下山的平均速度是多少？

学生尝试独立列式解答，出现了以下几种情况：

（1）$7.2 \div (3+2)$。

（2）$7.2 \div 3 + 7.2 \div 2$。

（3）$(7.2 \div 3 + 7.2 \div 2) \div (3+2)$。

（4）$(7.2 \div 3 + 7.2 \div 2) \div 2$。

（5）$7.2 \times 2 \div (3+2)$。

师：究竟哪种方法才对呢？请说说各自的理由。

生1：第一种做法是用7.2的路程除以他们的总时间，就是平均速度。

生2：7.2不是总路程，只是上山的路程，或是下山的路程。

生3：但这种方法只是求了上山和下山的速度和，所以不对！

生4：我支持第3种，先求速度和，再用速度和除以总时间。

生5：我不同意，因为速度和除以5小时不是求上山和下山的平均速度。

生6：我支持第4种，用上山的速度与下山的速度和再除以2。

生7：但是"2"表示的是什么？

生6：这个2表示的是时间相等。

生8：我觉得是不是这个2表示的是上山一次、下山一次，所以有两次，用2表示呢？

师：那大家好好想想，用速度和除以2次求的是什么？是求平均速度吗？

全班恍然大悟：不是！所以应是用总的路程除以总的时间，就等于这次上山和下山的平均速度了。

上面的案例是关于平均数的问题，该类问题是学生比较难理解的。当学生提出这类问题时，教师并没有忙着进行解说，而是将问题抛给学生，让他们进行辩论，教师则做"该出手时就出手"的引导，及时以"用速度和除以2次求的是什么？是求平均速度吗"的问题引导，将学生的思维带回原来的问题中。正是教师合理地运用了教学机智，有效地生成课堂，才使学生的思维不断碰撞产生出许多智慧的"火花"，从而实现深度思考与学习。

其次，教师应不断增加自己的专业底蕴，积累教学智慧。

在调查中，许多教师表示在如何灵活运用自己的教学机智有效地生成课堂上，常感到困惑。其实教学机智并不神秘，它是教师多种教育能力的结合，是可以通过培养锻炼得以形成和提高的。一个教师要掌握教学机智，提高教育的艺术水平，需要不断地在教学理论实践中积累经验，积累多种案例和"处方"，可以说经验越丰富，遇到意外事件时心中就越有底。因此教育机智的形成非一日之功，它是一个厚积薄发的过程。教师首先要不断提高自己的专业素养，加强学习，如此才能做到处事不惊，机智地驾驭课堂。

（三）充裕思考时间——促使学生更深层次思考

新课标提出要使"不同的人在数学上得到不同的发展"。根据皮亚杰的儿童认知发展理论以及朱智贤、林崇德关于儿童发展理论的观点，我们发现小学生从具体形象思维向抽象思维的发展存在不平衡性，既存在年龄差异，也表现出个体差异。虽然教师总是希望自己的学生能有更详尽、更积极的回答，让不同层次的学生都能参与到问题的思考当中，但是在常态教学中，由于受班额较大等客观因素影响，我们的课堂教学往往总是被少数成绩较好且性格外向的学生所控制，那些成绩较差且性格内向的学生却常被忽视，且很多教师都错误地养成了迅速前进的习惯，并没有意识到让节奏慢下来鼓励学生思考的潜在价值。

因此，有必要对当前小学生的数学课堂学习状况进行全面探讨与剖析，以寻求能解决问题的有效策略。以下是两位不同风格的教师执教同样教学内容的课堂观察数据统计表，班级属于两个平衡班，然而他们在等待学生回答问题的时间上采取了不同的策略，自然也产生了不同的教学效果（见表3-23～表3-26）。

表3-23　对学生每分钟具体活动的观察

教学内容：平行四边形的面积　　班级：五（2）班　　日期：2010年11月5日

时间（分钟）	1	2	3	4	5	6	7	8	9	10	11	12	13	14	15	16	17	18	19	20
管理																				
等待注意								√							√					
无关活动																				
听	√			√		√		√		√	√	√					√	√		√
观察			√		√		√										√	√		
动手实践													√	√	√	√				
讨论						√					√	√							√	
思考		√																	√	
阅读																				
写					√															
回答								√	√	√										

时间（分钟）	21	22	23	24	25	26	27	28	29	30	31	32	33	34	35	36	37	38	39	40
管理																				
等待注意															√					
无关活动																				
听	√	√	√	√			√				√	√	√	√			√	√		
观察											√	√	√				√	√		√
动手实践																				
讨论																√				
思考			√	√	√	√			√	√			√	√			√		√	√
阅读								√												
写				√	√		√	√	√	√	√	√								
回答																				√

表3-24　课堂核心提问停顿时间统计

课堂问题	停顿时间				
	没停或不足3秒	停顿过长	适当停3~5秒	学生答不出耐心等几秒	特殊学生适当多等几秒
你是怎样把平行四边形转化成长方形的	√				
长方形的长与平行四边形的底有什么关系			√		
长方形的宽与平行四边形的高有什么关系	√				
长方形面积与平行四边形花坛面积有什么关系	√				
计算这个平行四边形的面积有几种不同方法	√				

表3-25　对学生每分钟具体活动的观察

教学内容：平行四边形的面积　　　班级：五（4）班　　　日期：2010年11月6日

时间（分钟）	1	2	3	4	5	6	7	8	9	10	11	12	13	14	15	16	17	18	19	20
管理																				
等待注意															√					
无关活动																				
听	√			√		√				√		√					√	√		√
观察			√		√		√										√			
动手实践													√	√	√	√				
讨论						√					√	√							√	
思考		√	√		√	√	√	√	√		√		√		√	√	√			
阅读																				
写																				
回答								√	√	√										

时间（分钟）	21	22	23	24	25	26	27	28	29	30	31	32	33	34	35	36	37	38	39	40
管理																				
等待注意															√					
无关活动																				
听	√	√	√	√			√				√	√	√					√	√	
观察											√		√	√			√	√		√
动手实践																				
讨论																√				
思考	√	√	√	√	√	√			√	√			√	√		√	√	√	√	√
阅读								√												
写				√	√		√				√				√					
回答																				√

表3-26 课堂核心提问停顿时间统计

课堂问题	停顿时间				
	没停或不足3秒	停顿过长	适当停3~5秒	学生答不出耐心等几秒	特殊学生适当多等几秒
你是怎样把平行四边形转化成长方形的				√	
长方形的长与平行四边形的底有什么关系		√			
长方形的宽与平行四边形的高有什么关系			√		
长方形面积与平行四边形花坛面积有什么关系				√	
计算这个平行四边形的面积有几种不同方法		√			

两节课的数据表明：第二节课的执教教师等待学生回答的时间更长，因此学生思考的时间也更长，达到29分钟；而第一节课的执教老师等待学生回答的时间相对较短，学生整节课只有13分钟的思考时间。同时可以发现当教师给予了足够的候答时间时，会出现以下几种现象。

1. 学生会给予更长的回答，并为其观点和结论提供证据

在第一节课的课堂上，等待时间不足1秒，因此学生的答案大多是简短的短语。例如，回答"你是怎样把平行四边形转化成长方形的"这一问题时，第一节课的学生的回答是"剪一刀拼成的"；而第二节课的学生思考的时间达到8秒，其回答是"将平行四边形剪一刀，把剪出的三角形拼到另一边，就拼成了一个长方形"。同时，课堂实录反映出学生在回答问题后若出现一个短暂的暂停，其他学生便会进行恰当的补充，如"要沿着高将这个三角形剪下来"。由此可见，足够的候答时间可以让学生为他们的观点提供更多的证据，倾听其他人发言也能促进更多的学生进行思考。如果没有这个延长的暂停，那么则极少发生这种情况。

2. 更多的学生会进行猜测和假设

两节课上均提到了"拼成的长方形的长与平行四边形的底有什么关系"这个问题，第一节课的学生回答"相等"，但第二节课的学生回答"相等"后，教师并没有接着往下进行教学，而是有意识地等待了大约5秒的时间，便有学生提出如果平行四边形的底与高相等，那么可以拼成一个正方形，这个正方形的边长就是平行四边形的底或高。由此可以看出，在对学生的答案做出回应前，教师有目的地插入一段等待时间，便可以促使更多的学生反思他们之前的发言，并对问题进行更深层次的思考，对所要研究的问题提出更多的假设和猜测。

3. 更多学生会提出更多的问题

思考：如图3-7所示，计算这个平行四边形的面积有几种不同方法？

第一节课的学生给出了两种计算方法，教师订正后便结束了对这道题的讨论。但第二节课的教师之后还给出了"你对此还有什么问题"的引导，且给予了7秒的时间让学生进行思考，便有学生提出问题：为什么同样是平行四边形的底，而高4.5厘

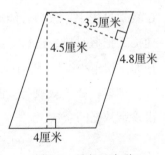

图3-7　平行四边形

米只能与4厘米相乘，不能与4.8厘米相乘？说明在绝大多数的课堂上，如果等待的时间少于1秒，而没有机会让学生进行质疑，那么学生只能对问题本身进行回答。但是如果在问题解决后插入一个等待时间，那么学生就很可能在其他学生回答之后，因受到启发而提出一个问题，也可能针对自己的答案发问，而这

恰恰是学习意义之所在。

由此可见，帮助学生解决问题的最好方式就是在适当的时候有意识地插入一段安静的时间供学生思考，而不需要讨论、启发、重复或是讲述该问题。让课堂经常有周期性的简短沉默，才能让学生拥有更充裕的思考时间，促使其对问题进行更深层次的思考。

四、宗旨：课堂评价提升学生自身的智慧价值

在调查中，我们也意识到一点，发展性评价理念已经受到前所未有的关注，而口头评价也成为广大教师经常使用的一种发展性评价方式。所谓的"发展性评价"，即指根据一定的发展性目标，运用发展性的评价技术和方法对学生素质发展的进程进行评价解释，使学生在评价活动中不断认识自我、发展自我、完善自我，不断积淀、发展、优化自身素质结构，以使学生心智等方面的素质得到和谐发展。

因此，教师只有坚持用发展性评价理念来指导自己的评价行为，才能充分发挥评价的激励、导向、诊断、教育等功能，才能使学生形成积极的学习态度，养成良好的学习习惯，树立正确的价值观，帮助他们认识自我、树立信心。

（一）把握时机——有效实施个性评价

马斯洛说："每个人在出色完成一件事后都渴望得到别人对他（她）的肯定和表扬，这种表扬就是激励人上进心、唤起人高涨情绪的根本原因。"因此在教学过程中，教师若能抓住稍纵即逝的机会，及时地进行激励性评价，善于捕捉、把握时机，进行对话交流评价，便可促进师生、生生的心灵沟通，从而在课堂这个小世界里，让不同的学生都能全力投入、尽情发挥、获得发展。

例如，在"众数"一课的教学中，教师出示了以下一组数据，要求学生求出该组数据的众数：

$$98 \quad 99 \quad 97 \quad 95 \quad 90 \quad 92 \quad 91 \quad 93 \quad 89 \quad 94$$

有人回答道："这组数据的众数是0。"当时有位学生马上就大声取笑了起来，鉴于这位学生平时比较调皮、好动，但反应快、思维灵敏，教师没有马上批评这位学生，反而让他站起来说说自己的理由。于是他说："因为这组数据根本没有0这个数据，而且这组数据中根本没有众数。"教师便反问其他学生，是否觉得他说得有道理，全班同学都给予他掌声。这时教师马上抓住时机，进

一步向他提出要求："你看大家多么尊重你，还给予你掌声，如果刚才你也能尊重一下其他的同学就更好了。虽然他刚才说错了，可正是他错了才能引起大家的思考与给你的肯定。"他马上点点头，有点不好意思地笑了笑。在后面的教学中，他一直坚持认真听取同学的发言，自己也更加积极地举手发言。

在上面的例子中，教师根据这位学生的个性与特点，准确地把握评价的最佳时机，做出有针对性、艺术性的评价，并成功地获取了这位学生的认同和接受，有效地激发了他的学习潜能。

（二）理性分析——引导学生自我反思

许多有经验的教师都明白"温故而知新"这个道理，却很难真正在教学实践中巧妙地运用它，他们往往因对"温故"的方法和时机把握不恰当而适得其反。如果教师在每次对评价结果进行反馈后，能引导学生对自己的错误进行总结与反思，则更容易帮助他们达到巩固知识的目的。

【教学片段】

例如，在一次测验中，教师在某生的测验卷上批改了两个分数——78分、90分，并找到这位学生与其进行了谈话。

师："你知道为什么老师会给你两个分数吗？"

学生摇摇头。

师："你看这道题目，如果你在做的时候认真一点，不要把小数点点错，就可以多得5分了。"

师："我记得在写作业的时候这里你好像错过一次，你虽然更正对了，但是这次又错了，所以又少了10分，这又是为什么啊？"

生羞愧地低下头说："上次的更正我是看同桌的。"

"哦，所以你没有理解，结果就错了。下次不懂要问到懂为止，如果只是抄抄答案，下次还是会错的，知道了吗？"

最后教师还摸摸他的头说："你很诚实，希望你能记住这次的教训。"

学生笑了笑说："老师，我明白了，如果我能改正上面的错误，改掉粗心大意这个毛病的话，我就能拿90分了。"

师："是的，老师希望下次看到的就是90分，甚至是更高的分数。"

在上面的案例中，教师的评价倾注了爱心、包含了激励、寄予了期待，理性地为学生进行分析，并结合平时对其行为习惯的观察，引导他从自身的错误行为进行总结和反思，改变了考试对学生"宣判""划等"的功能，使考试变成让学生终身受益的过程。

五、启示：深度学习对课堂教学的价值

《义务教育教学课程标准（2011年版）》指出："义务教育数学课程应致力于实现义务教育阶段的培养目标，要面向全体学生，适应学生个性发展的需要，使得人人都获得良好的数学教育，不同的人在数学上得到不同的发展。"在"以人为本"理念的指导下，许多课堂开始发生变革，提倡"自主、合作、探究"等学习方式。这些做法与传统机械训练的学习方式相比，确实改变并提升了学生记忆知识的愉悦程度，学生能够通过各种"工具"进行"自由"的交流，然而对于学习活动要解决的核心问题，却仍仅停留在对过程和步骤的认识层面上，并没有真正理解知识、体验情感、践行价值观。这种基于简单记忆和重复训练的浅层学习对于促进学生理解知识、建构意义、解决问题等能力的发展仍然存在很大的局限。[①]

深度学习是一种基于高阶思维发展的理解性学习，具有注重批判理解、强调内容整合、促进知识建构、着意迁移运用等特征，[②]可极大地发展学生的抽象思维、推理能力和创新能力，使其形成良好的智力品质和非智力品质，强化其数学思维训练，不断提高学生的逻辑推理能力和合情推理能力。

因此，在数学课堂中，教师要通过有效的引导使学生开展深度学习，而非仅停留在以背诵记忆为主的被动式的浅层学习上；使学生在宽广的思考空间与真实的学习情境中激活思维，感悟数学知识的内在联系与本质，从而帮助其发展数学思维与创新思维。

（一）采用批判理解性学习，提升元认知能力

数学思维是一种非常重要的思维形式，数学活动是创造性极强的活动。在教学过程中，教师应巧妙设计数学活动让学生解释并捍卫他们的思维、观点和决定，激发他们自身已有概念和新概念之间的冲突，促使元认知和批判性思维

---

① 安富海.促进深度学习的课堂教学策略研究［J］.课程·教材·教法，2014（11）.

② 何玲，黎加厚.促进学生深度学习［J］.现代教学，2005（5）：29–30.

相互协同作用，促使他们利用语言来描述自己的思维，灵活运用推理及解决问题和决策的知识和技巧展开学习活动。

【教学片段】

例如，在教学四年级《三角形特征》一课时，为了有效突破该课的重点——理解三角形高的概念，教师采用对比的教学策略，引导学生不断反思，促使其元认知和批判性思维相互协同作用，激发认知冲突，从而真正实现其对概念的深度理解。

教师在学生认识了三角形的高之后引导他们展开质疑、反思，而学生根据已有的知识经验提出了下面的问题。

问题1：三角形的高为什么不能这样斜着画？（见图3-8）

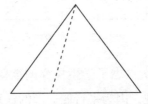

图3-8　三角形高的画法（一）

问题2：三角形的高为什么不能这样画？

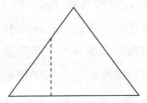

图3-9　三角形高的画法（二）

学生根据两个问题的引导，再次对三角形高的概念进行深度理解。很快他们就发现，从三角形的一个顶点到它的对边画一条垂线，顶点到垂足之间的距离才是三角形的高，因此图3-8中的线没有垂直，所以不是三角形的高，而图3-9中的线因为没有从三角形的顶点出发，所以也不是三角形的高。

这时教师并没有结束这个问题，而是再次利用学生已有的学习经验，展开对比教学，从而将学生的学习引入更高、更深的层次。在学习三角形高的概念之前，学生已经认识了平行四边形的高与平行线之间的距离的概念，因此教师

继续引导学生思考：三角形的高与平行四边形的高有什么不同？又有什么相同的地方？（见图3-10至图3-12）

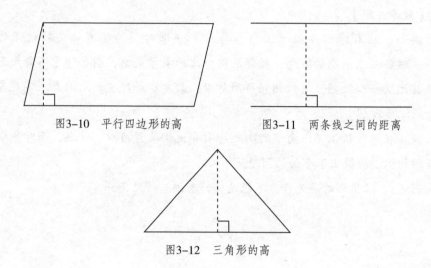

图3-10 平行四边形的高　　　　图3-11 两条线之间的距离

图3-12 三角形的高

这个问题的抛出，再次点燃了学生探究的欲望，他们纷纷发表自己的见解。通过对比观察可以发现，因为平行四边形的任意一组对边之间的距离都是它的高，所以平行四边形有无数条高，而三角形只有三个顶点，所以三角形只有三条高。

从上面的案例可以看出，教师在教学过程中通过问题引导，让学生进行反思、质疑、对比，成功地开展深度指导，从而有效地突破了三角形的底和高之间相互依存的关系这一难点以及为什么三角形最多只有三条高这一知识点。在深度对话的过程中，教师为学生提供广阔的思维空间，使学生通过不断地想象、推理、比较、辨析等数学活动，让自己的数学思维不断得到训练和配合，且通过回忆、整合有联系的学习内容，将在不同阶段学习到的有关"高"的知识点串联起来，根据自己原有的知识经验和活动经验，用自己的思维方式重塑相关数学内容，进一步感悟这一概念的本质，从而使自己的数学思维得到培养，实践能力得到提高。

（二）深挖数学知识本质，创造思维大空间

现代思维科学认为问题是思维的起点，又是创造的前提，一切发明创造都是从问题开始的。合理地使用提问的策略，可以开启学生心智，促进学生思维，增强学生的主动参与意识。在学习的过程中，教师应在充分了解学生学习的基础上，深挖数学知识的本质，提出能拓宽学生思维空间的"大问题"，进而展开有效的引导，促使学生围绕核心问题进行深度探索、思维碰撞。

所谓的"大问题"常常可以形成讨论的话题，直指知识的本质。这样的问题常常牵一发而动全身，可以产生许多后续问题，吸引学生一步一步进入深度思维的学习研究之中。

例如，在教学《三角形的特征》时，教师为了让学生进一步理解三角形的特征，提出了这样的"大问题"："课前我们都画了一个三角形，请你说说这些三角形有什么相同、有什么不同。"

看似简单的一个问题，却可以衍生出许多相关联的小问题，形成问题串，从而逐步推进教学，引领学生的思维向纵深发展（见图3-13）。

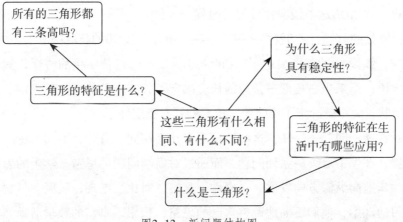

图3-13　新问题结构图

通过这一"大问题"，学生的思维空间一下子被打开了，他们通过观察、交流、对比发现，这些三角形的形状、大小都不同，但是它们都有三个角、三条边、三个顶点、三条高。

这时教师为学生提供了3根同样长的小棒，让学生摆出三角形，并猜一猜这些三角形的形状和大小是否相同。学生通过动手操作发现，原来当确定三角形的三条边长度的时候，就能够确定三角形的形状与大小了。这时有个学生突然发问，打破了原本流畅进行的课堂："为什么确定了三角形边的长度，三角形的形状与大小就相同了呢？"

这时学生又陷入了新的问题当中，只见他们不停地摆弄着手中的教具，试图从操作中找到答案。这时一个学生突然叫道："我发现了，原来这一边的长度能够确定它对角的大小。"（见图3-14、图3-15）

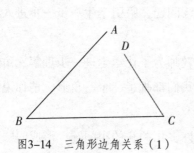 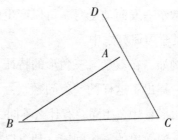

图3-14　三角形边角关系（1）　　　　图3-15　三角形边角关系（2）

教师马上请这位学生到前面进行讲解，只见这位学生一边操作教具，一边进行解释："当CD这条线段比较短的时候，∠B就要张得小一些，相反当CD这条线段比较长的时候，∠B就要张得大一些，所以线段CD的长度决定了∠B的大小。同样，线段AB的长度决定了∠C的大小。"经过这位学生的解释，其他同学恍然大悟，原来当三角形三条边的长度确定了，三个角的度数就确定了，三角形的形状、大小就确定了，因此三角形就具有稳定性了。

"妙在这一问"——从"这些三角形有什么相同、有什么不同"这一个话题的设置，产生了后续一系列问题，而通过对后续问题的思考，学生的思维得以一步一步地向纵深方向发展。在操作、观察、对比、推理、质疑、猜想等一系列学习活动中，他们不断地调整自己的思路，积累了丰富的数学活动经验，发展了抽象思维和推理思维，培养了应用能力和创新意识。正是在这样的教学过程中，我们感受到了"大问题"教学别具一格的特点和魅力——用精、少、实、活的提问来激活课堂，扩大学生的思维空间，真正让学生成为课堂有序学习活动的主体。

（三）搭建深度对话平台，促使思维显性化

爱因斯坦认为："一个人的智力发展和他形成概念的方法，在很大程度上是取决于语言的。"而数学学习更多的是智力活动，需要大量的交流，因此在教学活动中，需要师生进行积极的沟通交流，相互启发，相互补充。为了让学生更加自信、大胆地阐述自己的思考过程，教师需要搭建课堂深度对话的平台，采用课堂"小老师"的策略，鼓励学生走上讲台，让他们在学习的过程中可以顺畅地开展师生之间、生生之间的深度对话，促使他们利用语言工具概况所得的感性材料，对问题进行深度剖析，并将推理过程、解决问题的过程用自己的语言描述出来。下面是《100以内数的加法和减法》的教学片段，在该片段中教师通过引导"小老师"走上讲台，为学生搭建生生交流的深度对话平台，促进了学生对知识本质的深度思考。

【教学片段】

师：今天我们来整理和复习《100以内数的加法和减法》，课本最后让我们制作一个成长小档案，课前已经让大家制作了属于自己的那一份成长小档案，下面四人一组交流一下吧！

学生四人一组进行交流。

师：哪位小老师来说说自己的想法？

生1：通过这个单元的学习，我知道了个位满十向十位进1。我举的例子是

$$
\begin{array}{r}
2\ 6 \\
+3_{\,1}8 \\
\hline
6\ 4
\end{array}
$$

生2：这个小"1"表示什么呢？

生3：这个小"1"表示个位6加上8满10，就要向十位进1。（教师根据汇报进行板书"个位满十向十位进一"）

生4：通过这个单元的学习，我知道了个位不够减从十位退1。我举的例子是

$$
\begin{array}{r}
\overset{.}{4}\ 6 \\
+3\ 8 \\
\hline
8
\end{array}
$$

生5：4上面的那个小点表示什么呢？

生6：这个小点表示个位的6不够减，就要向十位的4借1当10来减。（教师根据学生汇报板书"个位不够减向十位借一"）

生7：那为什么加法的进1就用小"1"来表示，减法的退"1"就用小点来表示呢？

师：这个问题很值得我们来思考，谁能说说自己的想法呢？

生8：加法进位时有可能会进2个十，但是减法的时候却只需要借1个十就够减了，所以加法的进位用小数字来表示，但退位用小点来表示就可以了。

师：你能从书本上找出加法个位向十位进了2个十的例子吗？

生8：好像书本中的19+27+35，在算连加时，个位就向十位进了2个10。

$$
\begin{array}{r}
1\ 9 \\
2\ 7 \\
+3\ {}_2 5 \\
\hline
8\ 1
\end{array}
$$

师：太棒了，这位同学不仅让我们看到了进位与退位在标记时的区别，还帮助我们弄清楚了为什么。同学们，其实有很多知识表面上看好像很简单，但是其中却蕴含了很深的道理，只要大家在平时多问些"为什么"，就可以发现更多有趣的知识。

在教学中，教师通过鼓励学生走上讲台，不断地使其质疑问难，促使学生的思维发生激烈的碰撞，不断擦出智慧的火花，从而使仅仅只有二年级水平的学生提出了"为什么加法的进1就用小'1'来表示，减法的退'1'就用小点来表示"这样有深度的问题，使学生在整理和复习的过程中，不仅把每一个知识点整理复习了一次，而且以点带面地将它们之间的联系与区别进一步明晰了。在思考问题的过程中，学生的认识得到了升华，思维得到了拓展，还进一步体会到了数学符号的魅力，从而培养了其符号意识，这种升华是学生抽象概括能力重大飞跃的表现。而在思维显现化的过程中，无疑深化了学生对加、减法运算算理的理解，有效地培养了学生的数学语言能力，发展了学生的数学思维。

（四）强调知识内容联结，实现知识结构化

深度学习理论认为学习既是个体感知、记忆、思维等认知过程，也是根植于社会文化、历史背景、现实生活的社会建构过程，是一种基于高阶思维发展的理解性学习，具有注重批判理解、强调内容整合、促进知识建构、着意迁移

运用等特征。^①

　　在实施教学时，教师应注重知识点之间的联系，关注知识结构，通过有效的问题引导，促使学生整合有意义联系的学习内容。

　　例如，在下面的教学片段中，教师就是通过问题引导，使学生的关注点集中在了知识与知识之间的连接处，使学生深刻感悟到了转化的数学思维，成功实现了知识建构。

【教学片段】

　　师：请你观察下面两组题目中加法的各部分，说说你有什么发现（见图3-16）。

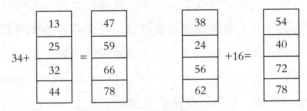

图3-16　学生题组练习

　　生1：第一组第一个加数不变，第二个加数逐渐变大了，和也变大了。

　　生2：我发现第二个加数的十位每次增加1，所以和的十位也每次增加1。

　　生3：第二组的第一个加数变了，第二个加数不变，和也变了。

　　师：原来在一个加法算式里，如果一个加数不变，另一个加数发生变化，它的和也会发生变化，那究竟它的和会发生怎样的变化呢？下面我们来继续探索。

　　已知6+8=14，填出下列算式的得数，并说明理由。

$$16+8$$

　　师：不用计算，你能根据6+8=14马上说出16+8等于多少吗？

　　生4：等于24，因为第一个加数6增加了10，第二个加数不变，所以和也增加了10。

　　师：太棒了，你真会观察，那如果让你马上计算6+18呢？

① 安富海.促进深度学习的课堂教学策略研究［J］.课程·教材·教法，2014（11）：57-62.

生5：也是等于24，因为这次是第一个加数不变，第二个加数增加了10，所以和也增加了10。

师：如果这回是两个加数都发生了变化呢？请大家计算16+18等于多少。

生6：16+18等于34，因为第一个加数增加了10，第二个加数也增加了10，和就会增加20。

师：同学们，你们太会思考了，两数相加，其中一个加数不变，另一个加数加一个数，和也加这个数。如果两个数同时增加，和就增加这两个加数增加的和。

掌握计算的标志，是脱离具体情境，把算式直接作为思维对象，用抽象的数进行思考。在这个教学片段中，当学生完成计算后，教师并没有就此结束教学，而是继续引导学生观察加数的各部分，说说各有怎样的变化。教师以看似简单的数学知识为载体，有顺序、有步骤地渗透函数思想，引导学生尝试从"函数"的角度处理数学问题。为了进一步让学生体会转化的思想，确立从已知推出未知的学习模式，教师还设计了下面的练习：

已知6+8=14，填出下列算式的得数，并说明理由。

16+8　　　　　6+18　　　　　16+18

学生纷纷大胆地说出自己的思考过程，在从已知推出未知的过程中，促进运算规律向普通常识转变。同时引发学生产生新的想法：两数相加，其中一个加数不变，另一个加数加一个数，和也加这个数。如果两个数同时增加，和就增加这两个加数增加的和。

就这样，教师灵活地运用练习题，深挖题目中隐含的数学思想，将看似简单的一道口算题目，变成了引发学生思考、感悟数学思想的数学思维训练题。教师通过引导学生将所出现的各种口算算法聚类分析，使学生灵活运用已有的知识经验，将当前的学习题材与更多概念上的思想以及诸多相似的或概念性的专题联系起来，达到真正理解算法背后所隐含知识的目的，从而成功地将教学的重点由单纯的知识学习转向数学思维的学习，体现多元化与优化之间的辩证关系，真正促使学生的数学思维向纵深方向发展。

综上所述，深度学习课堂的构建需要教师合理运用教学策略，创设让学生叙述思维、观点的学习环境，激发认知冲突，深挖知识本质，提出具有拓宽思维空间的"大问题"，使学生围绕核心问题进行深度探索、思维碰撞。此外还要注重搭建深度对话的平台，鼓励学生利用语言工具概况所得的感性材料，对问题进行深度剖析，整合有联系的学习内容，感悟数学知识的内在联系与本质。这样的课堂可以为每一个学生创设出深度学习的大空间，为其提供更多参与的机会和成功的机会，让每个学生在探索数学知识的过程中得到发展，开启思维"大空间"，进而使其数学思维得到真正的发展。

4

第四章

促进小学生数学深度学习的教学结构

经过十年的实践探索，教育部专家对课程标准进行了修订完善，2011年版的《义务教育数学新课程标准》（以下简称《课标》）于2012年秋季正式执行。它从"双基"变成"四基"，即基本知识、基本技能、基本思想、基本活动经验。《课标》的理念指出：教学活动是师生积极参与、交往互动、共同发展的过程。有效的教学活动是学生学与教师教的统一，学生是学习的主体，教师是学习的组织者、引导者和合作者。数学教学活动应激发学生兴趣，调动学生积极性，引发学生的数学思考，鼓励学生进行创造性的思维。学生的学习应当是一个生动活泼的、主动的和富有个性的过程。除接受学习外，动手实践、自主探索与合作交流同样是学习数学的重要方式，学生应当有足够的时间和空间经历观察、实验、猜测、计算、推理、验证等活动过程。教师教学应该以学生的认知发展水平和已有的经验为基础，面向全体学生，注重启发式和因材施教。教师要发挥主导作用，处理好讲授和自主学习的关系，引导学生独立思考、主动探索、合作交流，使学生理解和掌握基本的数学知识与技能、数学思想和方法，获得基本的数学活动经验。

数学不同内容的教学过程具有不同的课型结构，因此开展教学的逻辑会有不同。在小学阶段，数学知识由数与代数、图形与几何、统计与概率和综合实践活动四个板块构成。其中数与代数知识分支主要包括数概念、数运算、数量关系和规律探索，图形与几何知识分支主要包括图形认识、图形测量与计算、图形位置与变换，统计概率知识分支主要包括数据收集整理、制表制图和概率推断。

基于对深度学习的理解，我们认为要想实现深度学习的目标，发展学习者的高阶思维，整合知识内容，促使学习者积极主动地、批判性地学习新的知识和思想，并将它们融入原有的认知结构中，将已有的知识迁移到新的情境，教师就应从教学结构入手，从数学的知识本质入手，促使学生触及知识本质，触及高阶思维，将学习内容进行有效整合，使知识迁移重构，完善认知结构，从而达到深度学习的目的。在本章，我们将根据小学数学不同课型的特点，提炼各课型的教学结构，从知识结构的角度，就如何进行知识迁移、重构进行详细的讨论。

一、小学数学深度学习教学结构的内涵与分类

在上述数学教学共同价值、不同内容的具体价值研究的基础上，我们努力开展数学教学不同内容和不同过程结构的课型研究。

1. 小学数学深度学习教学结构的内涵

从小学数学深度学习研究的角度看，所谓数学深度学习的课堂结构，就是指在数学教学内容及过程结构的意义上，使研究不仅具有数学深度学习的价值，而且具有小学生学习数学的特征，从小学数学教学发生发展意义逻辑的内容特点出发，以数学学科的核心内容为载体，通过整合的学科核心内容的内容特点，引导小学生积极主动地、批判性地学习新的数学知识和思想的过程，且具有体系化和系统化的结构特点的课堂结构。

对课堂结构概念的这一界定，使我们认为小学数学深度学习的课堂结构内容主要包括以下几个方面：一是该类课堂结构在教学的过程中有对核心内容整合的设计研究，二是该类课堂结构的教学过程有在展开逻辑上的研究，三是该类课堂结构有在促进学生批判性思维发展中的过程结构研究，四是该类课堂结构有在教学中对资源利用和创新意识的研究。

2. 小学数学深度学习的教学结构分类

用怎样的维度或视角来划分课型，是一个错综复杂的问题。我们根据小学数学深度学习的内涵，结合小学数学的核心内容，关注小学生学习数学的基本方式，形成了如下的课型分类与依据：以知识的形成过程为依据，划分为知识形成课、知识巩固课、知识复习课，这是最基本的一级课型分类。然后以一级分类作为出发点，按照数学教学的不同内容对课型做进一步的二级分类，即可

以分为概念课型、运算教学课型、规律研究课型、数量关系课型、概率与统计课型综合与实践课型等。（见图4-1）

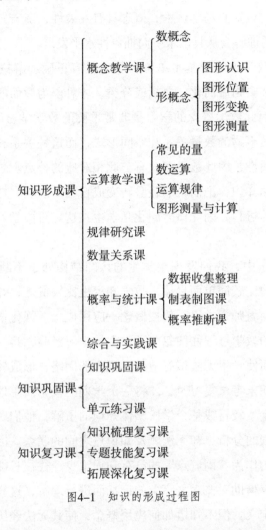

图4-1 知识的形成过程图

在这些基本课型研究的基础上，对小学数学深度学习的研究特别关注如何提升学生的综合素养，注重深度开发教学资源，强调教学结构设计的整体性，目的在于使小学数学课堂逐步走向真开放、实交互、聚生成的良性循环。

二、概念教学的结构分析

概念是哲学、逻辑学、心理学等许多学科的研究对象，不同学科对概念的理解是不一样的。哲学上把概念理解为人脑对实物本质特征的反映。心理学对概念的理解比哲学宽泛，认为概念是同人的分类行为紧密联系在一起的。认知心理学则把概念定义为"符号所代表的具有标准共同属性的对象、事物、情境或性质"。现代认知心理学认为，概念具有发展性，随着知识结构的不断完善，学生对概念的理解会从具体水平向抽象性水平发展。[①]

数学概念是数学思维的基本单位，学生只有正确理解概念的意义及其应用，才可以对复杂事物做简化、概括或分类，才可以为后面的学习、发现新知识打造固着点，因此数学概念的学习是非常重要的数学学习课题之一。[②]由于数学的研究对象是事物的数量关系和空间形式，而这种关系和形式就是脱离了实物的具体物质属性，因此数学概念有与此相对应的特点。数学学习是掌握前人已经发现的数学知识，把前人的经验转变成自己的经验，然后使其成为自己解决问题的工具的过程，因此概念同化是学生在这一阶段学习数学概念的基本方式。

在以往的教学中，我们发现小学生的认知结构处于不断发展的状态，他们的数学认知结构比较简单而具体，数学知识也比较贫乏，并且缺乏将知识结构同化的能力，而教师常常以"传授概念—应用概念—强化概念"的过程组织教学，因此这样的教学过程往往忽略了学生的学习经验，将一个个概念割裂出来独立教学，从而使学生无法很好地建立概念的网络，形成较好的层次化概念结构。只有到了期末考试复习时，才将一个学期的概念简单地联系起来，这样便使学生忽略对整本教材或整个学段整体知识的了解，他们对于每个知识点都平分精力进行繁琐的分析，却无法顾及知识点之间的联系。因此对于概念的理解，学生所掌握的作为"固着点"的已有知识很少，往往只能以被动接受的方式来学习，如仅仅借助对概念文字上的记忆而进行理解，这样的后果是导致学生只知道概念的定义，但不知道如何应用概念，使其无法经历概念形成的原始过程而对概念加工不充分、理解不深刻，更重要的是因没有意识将所学概念纳入已有的认知结构中，而无法形成有效的概念系统。

为了在概念教学中体现具体的育人目标，我们提出以下教学原则：第一，

---

① 曹才翰，章建跃.数学教育心理学［M］.北京：北京师范大学出版社，2006.

② 曹一鸣.中国数学课堂教学模式及其发展研究［M］.北京：北京师范大学出版社，2007.

引导学生经历从上位概念到下位概念的建构过程，在对上位概念有整体感知后，再导航和支撑下位概念的学习；第二，在经历从事实材料中发现本质属性从而进行归纳、概括、抽象、命名的过程中，引导学生对大量的材料进行梳理、辨析、感知，使人人参与对材料的辨析活动，经历分类或聚类的学习活动，厘清概念的本质特征，从而发展其辩证思维和本质思维。根据数学概念形成过程的不同特点，我们采用以下两种不同概念教学过程的结构（见图4-2）：

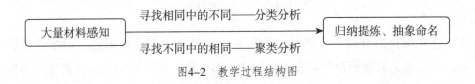

图4-2 教学过程结构图

其主要体现了重视概念形成过程的教学理念，重点突出了如何通过质疑、辨析、反思等环节，促使学生经历形成概念网络的过程，有效地培养他们探索新知识的能力。在该模式的第一个环节中，从智力与经验对概念学习的影响程度来看，经验的作用更大，因此教师将重点放在如何设计大量的材料引发学生的认知冲突上，强调利用学生已有的学习经验找出与新概念相关的概念，在比较它们异同的基础上建立新的概念。第二个环节突出地将基本概念放在核心地位，通过让学生交流质疑，逐步逼近概念的本质，并促使其成为联系相关知识的纽带，突出概念之间的内部联系，从而起到统贯全局的作用。第三个环节则强调通过反思辨析，对概念进行精加工的过程，从而进一步激活旧概念，让学生领悟到新旧概念之间的联系。最后引导学生对概念学习过程的反思，做进一步的拓展提高。下面我们将从数概念及形概念两部分进行论述。

（一）数概念的教学

小学阶段对数概念的认识主要包括一至四年级整数（自然数）认识，三年级分数和小数的初步认识，四年级的小数再认识，五年级的分数再认识及六年级的正负数认识。其中整数的认识呈现出三个阶段，包括一年级的百以内数的认识，二年级的万以内数的认识以及四年级的大数的认识。这样的认识反映出的是数范围不断形成与扩大的生成、发展过程，也是数概念不断建构与完善的认识超越过程。[①]

1. 数概念教学现存问题分析

为了强化学生对数概念的理解，教材将数的基本概念分解到每一节课中，而在每一节课的教学，往往是以一个个单一、零散的知识点呈现的。以一年级《100以内数的认识》（人教版）（见图4-3）为例：

数的组成 → 数的读法 → 数的写法 → 认识新数

图4-3　数概念流程图

这样编排的好处在于容易让学生对当堂学习内容进行识记，记忆效果较好。但弊端是教学的过程呈现出知识点"多、散、杂"的特点，从而导致学生对数的认识一直是碎片式的散点化状态。以整数的认识教学为例，学生要经历五至六个认识循环，而每一次的循环认识分为数位认识、读写认识、组成认识等，虽然是在一次次地强化认识，但是却把整体进行了分解，直接导致的后果便是学生没有了对数概念的整体认识，更谈不上对各个基本概念之间的沟通联系了，这样表浅的认识往往导致认识理解上的偏差。

无论是数认识的散点化还是割裂化，都直接带来了以下后果：一是学生对数概念的认识往往仅停留在对表面符号知识的把握上；二是使学生形成被动记忆式学习的意识和习惯，没有借助数的知识结构开展主动学习的意识。缺乏对数认识的方法结构的把握，更谈不上从整体结构的高度来认识数概念，缺乏对整数、小数和分数之间内在关联性的沟通，长期下去，学生的数学思维水平难以得到进一步提升和抽象。

2. 数概念知识结构的分析

从数的外部关系的角度来看，在小学阶段认识的数包括自然数（0和正整数）、整数、小数、分数等有理数。这些数的结构关系如图4-4所示。

---

① 吴亚萍，叶澜. 数学教学改革指导纲要［M］. 福州：福建教育出版社，2017：113.

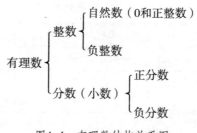

图4-4　有理数结构关系图

　　为了让学生对数概念有深度的理解，教师在教学的过程中就不能仅仅满足于让学生知道或了解这样的关系存在，更应该通过教学使学生对这些关系产生深度的认识。一方面可通过情境创设，使学生感受到原有的数范围的局限性，从而意识到认识的数的范围需要不断形成和扩大；另一方面要帮助学生建立数范围的意识。

　　从小学生认识数的角度来看，对于整数、小数、分数和正负数的认识，虽然它们表面各不相同，但是它们之间有着本质的联系（基本都包括数的意义、数的组成、数的读写、数的排序、数的分类等）。因此在深度学习的过程中，教师应有意识地、尽可能地呈现和揭示这样的结构，促使学生主动积极地投入对数的认识中，更重要的是要让学生学会从看似不同的知识表面把握其本质，从而达到认知结构化的目的。

3. 典型案例分析

　　下面我们将以整数、小数、分数、正负数的认识这几个典型案例展开讨论，从整体结构上对数概念教学的结构进行思考与分析，并以此为突破口，寻求并总结出关于小学数学数概念教学的课堂结构，将其用于今后的概念教学中。

"整数"教学结构分析

1. 内容分析

　　整数的认识一般按照以下三个小循环进行：一年级百以内数认识的教学、二年级万以内数认识的教学、四年级大数的认识。内容分析及教学目标如表4-1所示。

表4-1　内容分析及教学目标

年级	教学内容	认识内容	教学目标
一年级	10以内数的认识	0~9数字符号的意义	认识数字符号所表示的意义
	20以内数的认识	个位、十位、末尾0占位且不读	知道个、十位的数位概念，认识数末尾0占位的必要性
	百以内数的认识	数位顺序表、数的读写法、十进位制进率	掌握数位顺序表，掌握百以内数的读写法，知道数认识的方法结构
二年级	千以内数的认识	千位、计数单位"千"、中间0占位	认识计数单位"千"、认识中间0占位的必要性、提炼数认识的方法结构
	万以内数的认识	万位、计数单位"万"、中间0占位	利用数认识结构认识万以内的数，掌握万以内数的构造结构，运用结构生成新的数
四年级	大数的认识	个级、万级、亿级、整数的结构体系、近似数	利用数认识的框架结构认识多位数，掌握多位数的构造结构，在估数的过程中发现和掌握四舍五入的规律

根据以上分析，我们构建了整数认识教学的基本结构（见图4-5）。

图4-5　整数认识教学的基本结构图

2.策略选择

在教学中，我们应注意以下几个方面：

（1）意义关联，实现深度学习。

通过提供现实生活中大量的数，让学生初步感知生活中数的特点，引导学生通过分类比较形成对同一类数的类型和相应的读法的概念。

（2）创造生成，培养创新意识。

根据已有数位表示生成新的数，并顺势生成新的数位以及新的计数单位，体会满十进一的关系，让学生通过自主探索构造出新的数，从而掌握十进制技术的构造特点。

（3）表象支撑，发展学生的数感。

在教学的过程中，应让学生对新生的数建立数的大小的表象支撑，从而帮助学生建立良好的数感。

（4）沟通联系，建立知识网络。

注重百以内数、万以内数、大数的认识三次大循环之间的关系沟通，从而实现整数、小数、分数三个认数阶段之间区别与联系的关系沟通。

"分数"教学结构分析

1. 内容分析

小学阶段分数概念的教学分两个认识循环，分别是三年级上册的分数初步认识以及五年级下册的分数再认识。分数的概念涉及学生对整体与部分之间关系的认识，反映的是整体与部分关系的思维方式，所以对于小学生来讲，理解分数概念更为抽象。我们将这种整体与部分的抽象关系认识过程，分为以下两个层次（见表4-2）。

表4-2 "分数"教学结构分析表

三年级	单个的整体与部分的具象关系	把单个的物质实体看作一个具象整体，把这个具象整体平均分成几份，其中的一份是这个具象整体的几分之一。这种单个的物质实体就是一个具象意义上的整体概念
五年级	多个的整体与部分的抽象关系	把多个的物质实体看作一个抽象整体，把这个抽象整体平均分成几份，其中的一份是这个抽象整体的几分之一。这种多个的物质实体就是一个抽象意义上的整体概念

根据小学生的学习特点，显而易见的是，他们理解具象意义的整体概念比理解抽象意义的整体概念要容易得多。

在以往的教学过程中，首先，教师往往仅停留在要学生记忆和操作这些符号化的分数概念的过程中。例如，通常以分蛋糕引入$\frac{1}{2}$的意义，再通过长方形、正方形、圆等几何图形找出$\frac{1}{2}$，这样就会使学生对几分之一的概念认识只停留在几何图形上，从而导致学生经历分数概念的形成过程活动多、课堂热闹但华而不实。其次，为了帮助学生认识、理解、记忆和掌握分数概念的抽象语言，教师会反复让学生用规范的语言来表达几分之一的抽象含义。例如，"把一个（　　　）看作一个整体，把这个整体平均分成（　　　）份，其中的（　　　）份就是这个整体的（　　　）分之一"，从而导致学生不得不"鹦鹉学舌"般将$\frac{1}{2}$的形式表达演绎到其他的几分之一，使学生机械地从形式上表达这些分数的含义。这样的做法让学生很难真实地经历语言表达的提炼和提升过程；这样的教学忽略了将分数的认识作为载体，很难培养学生用发现关系意义的数学眼光看问题，更谈不上培养学生建立关系认识的思维方式。因此，分数概念的教学应该基于学生认识和理解抽象关系的思考。为此，我们开展了对大量教学实践的可行性探索。

为了让学生真实地经历概念形成的"过程抽象"，避免学生直接接受现成的结果，而是以"再创造"的方式经历概念形成的"数学化"过程，我们尝试采用以下的教学过程，帮助学生形成对分数概念内涵的丰富认识，提升学生比较分类、概括抽象的能力，同时发展学生的数学语言表达能力。

根据以上分析，我们构建了分数认识教学的基本结构（见表4-6）。

图4-6　分数认识教学的基本结构图

2.策略选择

（1）提供大量的感性材料，促使学生对材料进行充分感知，并在此基础上进行辨析比较和分类分析。

（2）注意与现实生活相联系，帮助学生对几分之一的内涵形成丰富的认识。

（3）注意引导学生在大量感知材料的基础上进行归纳概括和提炼抽象，通过对这些背景不同但本质相同的材料进行聚类分析，发现材料背后的本质属性，归纳概括和提炼分数的概念。

在培养学生口头表达能力方面，应注意：

（1）结合对材料辨析、分类和比较的过程，引导学生用自己的语言对分类的标准以及材料特点进行描述。

（2）教师要在学生不完整、不太准确的描述语言的基础上进行修正和提炼，帮助其逐步形成规范、标准的语言表达。

（3）注意提供规范语言表达的机会。

"小数"教学结构分析

1. 内容分析

在整数认识和分数初步认识的基础上来认识小数，不仅要强调小数与整数、小数与分数之间的联系与区别，更重要的是要使学生感受到小数在日常生活中的现实意义。需要注意的是，小数与整数都采用十进制的方法计数，因此我们认为小数的认识与整数的认识有相类似的知识结构，可尝试用认识整数的教学结构来教学小数的概念。值得注意的是，小数不仅可以表示整数个位以下的部分，是比个位更小、更精确的单位，还体现了无限逼近的数学思想。因此我们认为对于小数的教学，应该让学生经历在数轴上将相邻两个整数之间的距离平均细分，再用小数表达的过程，帮助学生了解小数形成过程的来龙去脉，理解小数特有的精确性，体会无限逼近的数学思想。

因此，在小数的教学中，我们构建了小数认识教学的基本结构（见图4-7）。

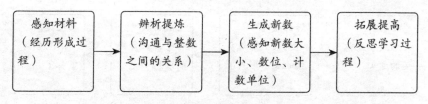

图4-7　小数认识教学的基本结构图

2. 策略选择

（1）经历小数形成的过程。通过将两个整数不断均分，让学生整体感悟小数与整数、分数之间的内在联系，感悟小数各数位的含义，经历"具象—半抽象—抽象"的过程，掌握小数的一般概念，即数位、计数单位、精确作用等，建立一定的数感。

（2）通过对小数的分类以及根据数位顺序表进行读写法的研究，引导学生对小数进一步做分类，发现数位表中计数单位之间的关系，体会小数中含0的读法与整数含0读法的异同，进一步沟通两者之间的联系。

（3）加强与生活经验的联系，感受小数在生活中的意义和作用，理解小数不同的组成，进一步感悟小数表示精确度的差异。

（4）加强对小数与整数基本概念的梳理，建立和完善知识网络，为后续的学习奠定基础。

"负数"教学结构分析

1. 内容分析

根据《九章算术》中的记载，早在2000多年前就有了"粮食入仓为正，出仓为负；收入的钱为正，付出的钱为负"的思想。1700多年前，我国数学家刘徽在注解《九章算术》时，更明确地提出了正数和负数的概念。他在算筹中规定"正算赤，负算黑"，而这个记载比国外早了七八百年。

那么如何让小学生在学习了整数、分数和小数概念的基础上，利用已经掌握的结构来学习正负数的概念呢？首先学生对于正负数的认识并不算困难，最主要的难点在于如何建立真正的代数思想，防止形成算术思维的定式，从而真正建立代数思想并助力抽象思维水平的提升。

因此在负数的教学中，我们构建了负数认识教学的基本结构（见图4-8）。

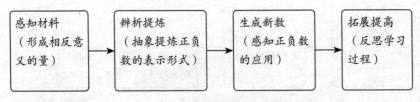

图4-8 负数认识教学的基本结构图

2. 策略选择

（1）结合大量的现实情境素材，帮助学生认识和理解正负数的现实意义。

（2）结合现实情境，让学生理解正负数可以表示相反意义的两个量，从而认识和建立正负数的相对概念，帮助学生在抽象的意义上更进一步理解正负数的内涵。

（3）有意识地帮助学生建立起代数的自觉意识，为学生提供各种运用正负数的机会，为中学进一步学习代数知识打下良好的基础。

（二）形概念的教学

在小学阶段，认识平面图形的概念，往往是从直观认识到要素认识，从类型认识再到特征认识，主要的过程是一个由图形外部向图形内部的认识过程。每一部分内容在教学的过程中，主要存在什么问题，特别是教学内容之间的知识结构应该有怎样的关系存在；如何从整体上进行规划，并做出教学长短的递进目标设计；怎样根据知识结构选择相应的策略，都是我们在教学中值得思考的问题。

1. 形概念教学现存问题分析

在图形的认识中，往往是通过分类让学生将图形共性的特征归纳出来，而在以往的教学中，教师仅仅满足于学生分类结果的正确，而不注意引导学生去观察发现平面图形的共同特点并区分它们的差异，缺乏让学生用语言表述它们特点的过程，因此造成学生在语言表达基础上概括提炼和抽象这一重要过程的缺失，使对于图形特征的提炼与梳理缺乏真正的教育意义，造成了为找特征而找特征、为了分类而分类的现象出现。

2. 形概念知识结构的分析

在研究图形的时候，一般是先研究图形构成的基本要素，如图形外部有"边"和"角"，图形内部有特殊线段"高""中线"和"角平分线"，等等，体现的是一个由图形外部向图形内部的认识过程。因此在教学中，要让学生按照这样的路径开展学习和研究，即先研究外部要素，再研究内部特殊线段。这些基本要素也就能够成为学生认识和研究几何图形的框架性知识，也就是学生认识和研究图形的上位学习方法结构。同时也要体现从一般物体形状的认识到长方体和正方体、圆柱、圆锥的认识过程，这体现的则是一个从上位的一般图形到下位的特殊图形的认识过程。

小学阶段的形概念的认识包括以下知识（见图4-9）。

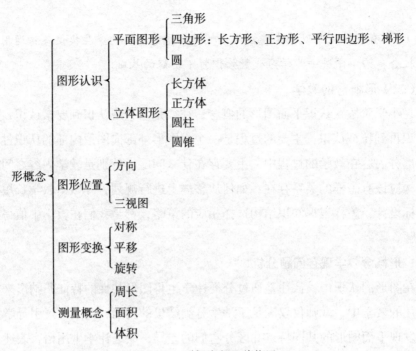

图4-9 形概念知识结构图

"图形的认识"教学结构分析

在小学阶段图形认识的内容分析及教学目标见表4-3。

表4-3 内容分析及教学目标

年级	教学内容	认识内容	教学目标
一年级	平面图形的认识 立体图形的认识	对几何图形外部直观认识。从学生已有的经验出发，认识各种物体的特点和形状，再从物体构成的要素出发认识平面图形的形状	认识各类几何体、平面图形的名称。了解其共同点和不同点，用准确的语言来描述这些物体的相同点和不同点
二年级	角、边的概念	认识图形构成的基本要素	形成从边、角的角度开展几何图形的认识、发现、论证和获得结论的研究意识
三年级	四边形的认识 长方形、正方形的认识	从边、角的角度开展研究	通过分类充分感知四边形"边的特征""角的特征"、认识长方形、正方形边的特征和角的特征

年级	教学内容	认识内容	教学目标
四年级	直线位置的关系	垂直、平行概念	对直线位置关系形成认知的结构化
	平行四边形、梯形	平行四边形特征、性质，梯形特征、分类	从"边"的数量关系及位置关系及角的数量关系的角度认识和发现它们与一般四边形的不同之处
	三角形的认识	三角形的特征、性质、三边关系、分类、内角和	从边的数量关系及位置关系及角的数量关系的角度认识三角形；从边和角的角度感知三角形的分类；以实验法为主，通过不完全归纳法得到三角形内角和为180度的结论
五年级	长方体、正方体认识	长方体、正方体的特征、展开图	对长方体、正方体"顶点、面、棱"等基本元素有初步感知，初步探索这些元素的特征及其关系
六年级	圆	认识圆的特征、各部分名称、基本性质	将大量不同的材料通过聚类的研究分析，发现其共性的特点，将本质特征进行归纳概括、抽象命名形成概念
	圆柱、圆锥	圆柱、圆锥特征，圆柱的展开图	对圆柱"侧面、底面"等基本要素有初步感知，初步探索这些元素的特征及其关系

从表4-3中的分析我们可以发现，对于小学阶段形概念的认识，一般是从直观认识到要素认识，从类型认识到特征认识，学生实际经历的是一个由图形外部向图形内部的认识，从一般物体到特殊立体图形的认识，本质是从上位的一般图形到下位的特殊图形的认识过程。其教学结构可以提炼为（见图4-10）。

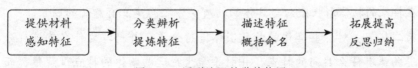

图4-10 图形认识教学结构图

3. 典型案例分析

下面我们将在图形的认识、图形的位置、图形的变换内容中选取以下几个典型案例，从整体结构上对形概念教学的结构进行思考与分析，并以此为突破口，寻求、总结出关于小学数学形概念教学的课堂结构，将其用于今后的概念教学中。

"一年级图形认识"教学结构分析

1. 内容分析

对于物体形状的认识，一年级的学生非常熟悉，因为他们拥有丰富的搭积木的经验，大部分物体的名称他们已经知晓，只是不清楚各类物体的名称是怎样来的，更不清楚这些物体有哪些共同的和不同的特点，无法用语言来表述这些物体的相同点和不同点。

2. 策略选择

（1）设计一定的操作、观察活动，使学生概括提炼和抽象各种形状物体的特征。一年级学生的心理特征使他们容易被操作活动本身所吸引，因此教师应及时引导学生对不同物体进行辨析比较和概括抽象。

（2）鼓励学生用语言描述物体的特点。由于一年级学生的口头表达能力不强，容易片面地表述物体的特点，因此教师在教学的过程中要引导学生从生活中的物体形状提炼出其本质属性。

针对以上分析，在教学一年级《认识图形》时，教师要明确虽然引导学生经历分类活动是本课的主要活动，但其真正意义却在于引导学生通过对不同物体的辨析和比较，寻找不同物体所具有的共同特点。而这一过程，正是学生学会透过现象看本质的过程，因此我们认为在教学《认识图形》一课时，应设计以下几个环节：

第一环节，为学生提供大量丰富具体的物质实体，使学生通过摸一摸、看一看、说一说等过程，初步感悟这些物体的具体形状。这一系列的活动能够使学生在抽象的物体形状概念与具体的物质实体之间建立有意义的联系。

第二环节，对这些具体的物质实体进行分类，并思考为什么要这样分类，每一类物体有什么共同的特点，并引导学生把这些物体的特点说清楚，而且要尽可能说得比较全面，促使学生养成边操作边思考的习惯。

第三环节，抽象物体的共同特点。例如，正方体都是正正方方，每个面都一样的；长方体是长长方方，但每个面不一定是一样的；长长圆圆的、只能够前后滚动而不能左右滚动的物体叫作圆柱体；而圆圆的、能够任意滚动的物体称为球体。

第四环节，操作练习。设计一系列"摸一摸、看一看、说一说、猜一猜"的活动，让学生合作参与，并分别说出物体的特点、名称，促使学生不断地练习用语言表达物体的特点，培养学生倾听的习惯和合作意识。

"四边形"教学结构分析

1. 内容分析

在"四边形"的教学过程中，教师应该注意培养学生分类的思维方式，特别是分类过程中思维状态的条理性，使其做到不重复、不遗漏地有序思考，再让他们对四边形的各种边或角的情况加以考虑和分析。因此一开始就要让学生对图形的各种情况形成整体的认识，在分类的过程中寻找图形的特征和共性，从而概括抽象出一般事实，以提高学生辨析、比较、归纳和概括的能力，提升学生的思维品质。四边形分类情况分析见表4-4。

表4-4　四边形分类情况分析

按边分类		按角分类	既按边又按角分类
四边相等	正方形、菱形	四个直角	正方形 长方形
三边相等	一般四边形	两个对角为直角	
两组对边相等	长方形、平行四边形		
两组邻边相等	一般四边形	两个邻角为直角	
一组对边相等	等腰梯形		直角梯形
一组邻边相等	一般四边形		
四边不相等	一般四边形	一个直角	

2. 策略选择

（1）用搭小棒的活动，引导学生围一个四边形，感知四边形"边的特征"，从而积累足够的分类素材。在分类的过程中，促使学生不遗不漏地有序思考。

（2）聚焦特殊的四边形——两边一样的四边形，观察其边的特点，进而引出"邻边和对边"的概念，使学生进行有条理的思考，使学生的思维逐步严密起来。

就四边形分类和命名的教学而言，主要的教学过程如下：

第一环节，引导学生用小棒搭四边形，充分感知四边形"边的特征"。为帮助学生聚焦边的特征，教师可准备以下6厘米、8厘米、10厘米、15厘米长的四类小棒各若干根，引导学生利用这些小棒不重不漏地拼搭出形状不同的四边形。

这样的设计一方面为学生提供了足够的素材，让学生能够有足够的选择和操作的余地；另一方面，使学生在拼搭的过程中联系图形"边的特征"为感性认识提供支撑。学生在操作的过程中有可能出现各种各样的状态，会为后续的分类提供足够的素材。

四边相等：（6、6、6、6）、（8、8、8、8）（10、10、10、10）（15、15、15、15）

三边相等：（6、6、6、8）（6、6、6、10）（6、6、6、15）

（8、8、8、6）（8、8、8、10）（8、8、8、15）

（10、10、10、6）（10、10、10、8）（10、10、10、15）

（15、15、15、6）（15、15、15、8）（15、15、15、10）

两边相等（一组）：（6、6、8、10）（6、6、8、15）（6、6、10、15）

（8、8、6、10）（8、8、6、15）（8、8、10、15）

（10、10、6、8）（10、10、6、15）（10、10、15、8）

（15、15、6、8）（15、15、6、10）（15、15、8、10）

两边相等（两组）：（6、6、8、8）（6、6、10、10）（6、6、15、15）

（8、8、10、10）（8、8、15、15）（10、10、15、15）

没有边相等：（6、8、10、15）

这样的设计，找准了教学的真实起点，针对教学起点，促使学生的思维从无序向有序提升，从散点状态向结构状态提升。因此，教师应把握好学生在教学过程中出现的各种状态，有效生成教学资源，为下一个环节提供丰富的教学资源。

第二环节，引导学生对搭出的四边相等的四边形进行观察，促使学生透过表面现象发现和抽象出四边形"边"的本质特征。当四条边都相等的时候，虽然图形与图形之间边的长度不同，但都是四条边相等，所以它们是同一类四边形。其他类型的四边形以此类推，根据分类的情况进行"边"的本质特征的提炼和抽象。

第三环节，促使学生按照有序思考的要求，想象和搭建出三边一样的四边形，重在指导学生通过有顺序的思考进行四边形类型的想象和拼搭；在三边一样的四边形基础上，再次引导学生拼搭出"两条边一样"的四边形。由于"两条边一样"的四边形有"邻边相等""对边相等"的情况，因此该内容应该成为本课重点突破的内容。教师应利用问题"对于两条边一样的情况，我们要思考这是靠在一起的两条边，还是分开的、相对的两条边"顺势命名：靠在一起的两条边我们叫"邻边"；分开的、相对的两条边，我们叫"对边"。

进而引导如果两条邻边一样，另外两条边是什么样的情况，如果两条对边一样，另外两条边又是什么样的情况，引发学生想象边的各种情况，使其思维逐步地严密起来，进而对四边形进行分类，即"两边一样，另两边也一样"为一类，"两边一样，另两边不一样"为一类。对于"两边一样，另两边也一样"的四边形，还可以继续分类，分为"两组对边分别相等"和"两组邻边分别相等"的四方形；同样"两边一样，另两边不一样"的四边形，也可以分为"两对边一样，另两边不一样"和"两邻边一样，另两边不一样"的四方形，从而使学生的认识不断清晰和完善，为学生想象能力和思维能力的提升提供发展的空间。

"三角形"教学结构分析

1. 内容分析

由于学生已经具备了四边形分类和命名的经验，在学习三角形分类和命名的教学过程中，可引导学生迁移运用探索四边形分类和命名的经验开展学习。重点仍然在于如何引导学生不重复、不遗漏地进行有序的思考，在探索三角形按边分类的过程中提高辨析、比较和归类的能力。由于四年级的学生已经掌握了角的测量，因此还要引导学生掌握三角形不同角度分类的标准，呈现分类过程中思维状态的条理性。三角形分类见表4-5。

表4-5　三角形分类

按边分类		按角分类	既按边又按角分类
三边相等	等边三角形	锐角三角形	等腰锐角三角形
两边相等	等腰三角形	直角三角形	等腰直角三角形
三边不相等	一般三角形	钝角三角形	等腰钝角三角形

2. 策略选择

（1）利用探索四边形分类及命名的经验，再次设计搭小棒的活动，引导学生围一个三角形，感知三角形"边的特征"，从而积累足够的素材进行分类。在分类的过程中促使学生不遗不漏地有序思考，并且通过不同分类标准，使其发现可以按角分类以及既按边又按角分类的情况。

（2）引导学生用语言描述"边的特征""角的特征"以及"既按边又按角"的特征，使学生对各种类型三角形的认识不再只是抽象的概念，而是有丰富的感性支撑和内涵支撑的概念。

"特殊图形"教学结构分析

1. 内容分析

在小学阶段，学生主要认识的特殊图形包括长方形、正方形、平行四边形、梯形和圆，而教学的核心任务就是帮助学生从"边"的数量关系和位置关系以及"角"的数量关系的角度去发现特殊图形不同于其他一般图形的特殊性，掌握多种验证数量关系相等的方法，包括验证边的位置关系垂直或平行的方法，从而认识几种图形之间的内在关系，并完善认识图形的方法结构。

2. 策略选择

（1）在教学中应凸显图形认识的基本方法和研究的角度，学习的内容应不仅仅局限于某个特殊图形的特征，更重要的是教会学生图形研究的方法和工具。

（2）注意沟通各图形之间的区别，沟通不同图形之间的内在联系。

为了凸显图形认识的基本方法和角度，并突出各个图形之间的区别，我们认为在教学"长方体和正方体的认识"一课时，可按照以下设计进行：

第一环节，认识长方形。先引导学生回忆图形认识的方法，可以从"边""角"的角度出发来研究和发现图形的特殊性。接着让学生从"边"和"角"的数量关系上发现规律，从而引发学生对图形的特殊性是否普遍存在的猜想，如究竟是不是所有的长方形都是对边相等呢、是不是所有正方形的四条边都相等呢、是不是所有的长方形和正方形的四个角都是直角呢等。促使学生利用多种方法（测量、重叠等）进行验证，从而经历不完全归纳法的过程。

第二环节，认识正方形。先让学生根据认识长方形的方法主动研究正方形，可以从"边"和"角"的角度发现特点，对特点是否普遍存在进行猜想，然后让学生通过多种方法进行验证。

教师应及时进行小结：长方形、正方形与一般四边形之间有怎样的联系和区别？反思学习的过程，帮助学生提炼图形认识与研究的方法结构。

第三环节，拓展延伸。引导学生思考：运用认识图形的一般方法和角度还可以研究哪些图形？例如，可以研究平行四边形和梯形等。

"图形位置"教学结构分析

图形位置的内容分析及数学目标见表4-6。

表4-6　图形位置的内容分析及教学目标

年级	教学内容	认识内容	教学目标
一年级	上下左右前后	认识上、下、左、右、前、后	会用上、下、左、右、前、后描述物体的相对位置
三年级	东、南、西、北	认识东、南、西、北、东北、西北、东南、西南八个方向	给定东、南、西、北四个方向中的一个方向，能辨认其余三个方向；知道东北、西北、东南、西南四个方向，会用这些词语描绘物体所在的方向
五年级	数对	认识数对	在具体情境中，能在方格纸上用数对（限于正整数）表示位置，知道数对与方格纸上点的对应
六年级	比例尺、线路图	认识比例尺、图上距离、实际距离和路线图	在具体情境中，会按给定的比例进行图上距离与实际距离的换算，能根据物体相对于参照点的方向和距离确定其位置，会描述简单的路线图

"直线的位置关系"教学结构分析

1. 内容分析

教材中将垂直概念和平行概念分成两个阶段进行学习，目的是为了帮助学生对直线某种关系进行集中和强化的认识。但是在实际的教学中，我们发现学生将直线的位置关系简单地割裂成了垂直概念和平行概念，对其产生了单一、点状的认识，难以从整体上感知直线的位置关系。

直线位置关系结构图，如图4-11所示。

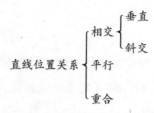

图4-11 直线位置关系结构图

2. 策略选择

（1）采用开放式导入，引导学生将两条直线可能存在的位置关系呈现出来，使学生对两条直线的各种位置关系形成丰富的认识。

（2）引导学生开展想象，让学生经历直线向两端无限延伸的想象过程，帮助学生根据表面现象发现直线位置的本质关系。

（3）注重引导学生学会梳理，通过对直线相交、垂直和平行等位置情形的梳理和归纳，提炼出直线位置的结构关系。

（4）注意引导学生发现生活中的直线位置关系，注重说明这些位置关系设计的作用和好处，促使学生对直线位置关系形成整体的认识，体会其在现实生活中的作用和价值。

因此，在引导学生整体认识和感悟直线各种位置关系的教学中，我们可以设计以下几个环节：

第一环节，开放式导入，引导学生思考两条直线可能有怎样的位置关系存在，促使学生的基础性资源生成。教师在教学的过程中有意识引导学生梳理归纳出两条直线可能出现的位置关系（见图4-12）。

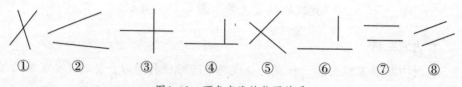

图4-12 两条直线的位置关系

这样的梳理有利于学生对两条直线的各种位置关系形成丰富的认识，同时打破学生的思维定式，通过不同的方向及分离与相交的各种情况，让其对有可能出现的情况进行观察与梳理。

第二环节，分类梳理。收集到学生的基础性资源后，教师应引导学生仔细观察各种情况，并透过表象寻找每一种情况的本质，梳理其共同之处。学生可能发现，虽然第②、第⑥是分离的，但是如果将直线两端无限延伸，这两种情况也是相交的，这样就分成了相交和不相交两种情况，从而引出两条直线相互平行的定义。

第三环节，教师继续引导学生将相交的几种情况进行分类，即可以分为斜交与垂直，这时教师也可顺势引出两条直线相互垂直的定义。这样通过对直线相交、垂直和平行的各种位置情形的梳理和归类，提炼出直线位置关系结构图，促使学生真正将知识结构化。

第四环节，引导学生发现生活中直线之间的位置关系，并说一说这些位置关系设计的作用与好处，进一步丰富学生对直线位置关系的整体认识，体会和感悟直线位置关系在现实生活中的重要作用和价值。

"图形变换"教学结构分析

图形变换的内容分析及数学目标，如表4-7所示。

表4-7 图形变换的内容分析及教学目标

年级	教学内容	认识内容	教学目标
二年级	平移、旋转、轴对称	感受平移、旋转、轴对称现象	能够辨析平移、旋转、翻折后的图形，认识轴对称图形
四年级	平移、旋转、轴对称	进一步认识轴对称图形，认识图形的平移、旋转	进一步认识轴对称图形及其对称轴；能在方格纸上画出轴对称图形的对称轴，在方格纸上认识图形的平移与旋转的特征
五年级	平移、旋转、轴对称	运用平移、旋转、轴对称设计图案	能在方格纸上补全一个简单的轴对称图形；能从平移、旋转和轴对称的角度欣赏生活中的图，运用它们在方格纸上设计简单的图案
六年级	图形的放大或缩小	将简单图形放大或缩小	能利用方格纸按一定比例将简单图形放大或缩小

"图形测量"教学结构分析

长度、面积和体积是图形知识中一组最基本的从一维到二维再到三维的度量概念。测量概念的内容结构表，如表4-8所示。

表4-8　测量概念的内容结构表

项目	长度	面积	体积
概念内涵	线段长短程度	平面图形面积大小	物体占有空间大小
直接比较	观察法 重叠法（点对齐，重叠一条边）	观察法 重叠法（重叠两个方向的边）	观察法 重叠法（重叠三个方向的边）
间接比较	借助物体的一条边	借助物体的一个面	借助一个物体
度量工具	单位是1厘米的尺	单位是1平方厘米的正方形纸	单位是1立方厘米的正方体
度量单位	毫米、厘米、分米、米、千米……	平方厘米、平方分米、平方米、平方千米……	立方厘米、立方分米、立方米、立方千米……

　　度量长度、面积、体积的工具和单位的产生，是人类祖先的伟大发明，也是前人智慧汇集的表现。概念之间具有联系紧密的知识结构，在度量比较的过程中能体现类比的思想方法。从表4-8中我们可以发现，度量工具和单位体系是在一维度量工具和单位的基础上建立起来的，因此在教学的过程中，教师应引导学生把握长度概念的学习方法，聚焦度量概念、度量方法（直接比较和间接比较）、度量工具、度量单位，帮助学生经历度量工具产生和度量单位建立的过程。主要可由以下几个环节构成（见图4-13）：

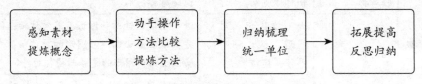

图4-13　测量概念的内容教学结构图

三、运算教学的结构分析

　　在数与代数板块中，小学阶段运算教学的内容有数运算、数运算规律；在图形与几何的板块中，图形的测量与计算中也涉及运算的教学；在数与代数板块中，主要体现数运算体系随着数范围的扩大而不断建立和完善的发展过程；在图形与几何的板块中，主要有一维的平面图形周长计算，二维的平面图形面积计算和二维的物体表面积计算，以及三维的体积计算，这不仅是计算问题从一维到二维再到三维的发展过程，也是三维空间观念逐步建构和完善的过程。

（一）运算教学现存问题分析

在计算教学的过程中，与计算相关的内容较多、教学课时多、批改的量也非常大，并且计算在小学数学考试的内容中占有一定的比例，因此造成了教师对计算教学认识的偏差，认为计算能力只有通过大量的操练，确保计算准确无误，提高计算速度，才能提高成绩。因此教师往往会在教学时为了教计算而教计算，为了学方法而学方法；往往盲目追逐算法的"多样化"，将学生个体身上呈现出来的方法，按照教师的理解排列整齐，表面层次清晰、层层递进，但实际上仅仅是个体学生的个别想法，经过教师替代的做法，将算法一一罗列，导致学生的逻辑推理和思维水平难以获得真实的发展。关于"估算"的教学，更是将"估算一估到底"，为了估算而估算，为了简便计算而简便计算，学生也不再思考什么时候应该运用估算、什么时候要进行简便计算、什么时候应该运用笔算。因此造成了学生从题目的字眼来判断运用什么方法来计算的偏差。例如，看到"大约"用估算，看到"能简便计算的就简便计算"就要进行简便计算，导致割裂了口算、估算、笔算和简便计算之间的内在联系，禁锢了思维，使他们只会按照教师的指令行事。

由于数运算规律是一个整体的知识结构，因此在教学的过程中应加强横向与纵向的对比，让学生逐步体会运算规律之间的类比关系。然而在实际的教学中，由于教材以"点"作为学习的内容，将加法交换律、结合律、乘法交换律、结合律和分配律以及减法、除法性质进行人为割裂，使原本具有很强结构联系的知识链断裂，从而使学生只看见表面孤立的"点状"知识，而看不见有内在联系的整体知识，导致学生只知道要为这些知识"点"而学习，至于为什么要学习这些知识"点"则没有深究，更谈不上质疑或探究了。教师在教学的过程中，也没有引导学生思考数运算规律存在的前提，导致学生既不了解数运算规律发展的来龙去脉，也不注重经历数运算从发现到形成的全过程，使数学的学习呈现出"见物不见人"的状态，而是单纯地为了教而教，为了学而学。

在图形测量与计算的教学中，教材将长方形和正方形的周长与面积安排在三年级，将长方体和正方体的表面积和体积安排在五年级，但就相关的计算而言，这些实际上仅仅是小学二年级的要求，对于三年级或是五年级的学生来讲都是小菜一碟。但教师往往也只是让学生习得最末端的具体算法。例如，长方形的周长计算就是长与宽之和的2倍，而长方体与正方体的表面积计算也仅仅是上面、前面和左面之和的2倍，缺乏对上位思维策略的学习和把握，更谈不上举一反三的探究与实践。学生缺少用整体的眼光去发现和认识事物的特点，用系统的思维去分析和沟通事物之间联系的意识，因此在教学中应注意引导学生学会把握最上位的思想策略，让学生看到解决问题的一般方法和特殊方法，遵循从整体到局部，从上位到下位不断深化发展的认识规律，并能举一反三地进行探究，培养其思维的有序化、结构化，促使学生有序思维的提升和结构思想方式的形成。

（二）数运算教学的知识结构分析

为了进一步理清运算教学内容之间的联系，我们对数运算的知识结构进行分析，具体如下。

1. 从数运算内部结构体系的角度分析

数运算知识的发展是根据数概念的发展而来的，因此在教学的过程中，应该依据数概念的基本单位及其组成，根据数概念的构造方式，提炼抽象概念，建立相应的法则。从纵向的角度分析，如图4-14所示。

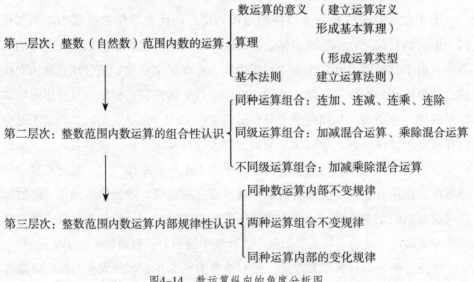

图4-14　数运算纵向的角度分析图

2. 从数运算知识横向的角度分析

数运算横向的角度分析，如图4-15所示。

$$第一次结构性扩建 \begin{cases} 小数加减法 \\ \\ 小数乘除法 \end{cases}$$
$$（三、四、五年级）$$

$$第二次结构性扩建 \begin{cases} 分数加减法 \\ \\ 分数乘除法 \end{cases}$$
$$（三、五、六年级）$$

图4-15 数运算横向的角度分析图

这两次结构性体系的扩建和完善是建立在整数数运算结构体系的基础上的，且与整数范围内的数运算结构体系既有联系又有区别。随着数概念的不断扩大，我们在一个又一个新的范围内讨论和建立新的运算法则。在其过程中，教师应注重引导学生既要体会旧法则与新法则之间的联系与区别，也要体会法则的包含性特征，即原有的数范围的运算法则作为新的数范围内运算法则的特殊情况，从而达到融会贯通、举一反三的效果。通过纵向与横向的梳理与沟通，学生容易形成数运算的整体结构，为其主动进行知识的结构迁移提供了前提和可能。

3. 从数运算形式之间的内在联系分析

在小学阶段，主要学习的运算形式包括口算、笔算、估算和简便运算。其主要联系和特征如表4-9所示。

表4-9 数运算形式之间的内在联系分析

运算形式	包含的内容	过程结构	联系
口算	20以内数的加减运算 表内乘除运算 整十数、整百数的加减乘除运算	根据数的组成或运算的意义获得结果	是其他一切运算的基础
笔算	多位数加减乘除、小数加减乘除	运算顺序的确定—运算结果的对位—运算结果的形成	以口算为基础的复合运算
估算	多位数加减乘除、小数加减乘除	既可用估算方法进行计算，也可用笔算的方法进行计算	对笔算近似结果的估计，与笔算对象相同

续 表

运算形式	包含的内容	过程结构	联系
简便运算	整数、小数、分数四则混合运算	"凑整"方法进行简便运算 根据数运算规律或性质进行简便运算	简便凑整的计算方法是体现高级思维活动的特殊算法,笔算是反映底线目标的一般算法

　　其中数运算包括整数(自然数)、小数、分数的四则运算。从整数四则运算到小数四则运算,再到分数四则运算,是数运算体系随着数范围的扩大和不断建立与完善的发展过程。具体的内容按年级进行编排(见表4-10)。

表4-10　数运算"纵横融通"重组后结构分析表

年级	教学内容	教学目标
一年级	20以内数的加减运算	理解加减法运算的意义,会根据数概念的基本单位及其组成来理解算理,在理解进位加与退位减原理的基础上形成熟练的运算能力
二年级	混合运算	了解混合运算形成过程的来龙去脉,掌握四则混合运算的发展
	百以内数的加减运算	了解百以内数加减的基本类型;理解百以内加减的三种基本算理,掌握这些算理的类比运用;掌握加减法学习的方法结构
	表内乘除法运算	理解乘除法运算的意义,初步感受和理解乘法与加法的关系、除法与减法的关系,学会发现表内乘法算式之间的内在关系与规律,熟练掌握表内乘法口诀
三年级	多位数的加减	运用方法结构进行主动的学习,理解加减估算的现实意义和方法意义,理解加减笔算的算法结构,掌握基本的加减笔算方法;养成"先估后算再比较"的计算习惯
	乘除数是一位数	了解用一位数乘除的基本类型,理解乘除估算的现实意义和方法意义,掌握乘除法学习的方法结构
	多位数的乘法运算	运用方法结构进行主动的学习;能根据具体情境需要进行乘法的估算;理解乘法笔算的算法结构,掌握基本的乘法笔算方法;养成"先估后算再比较"的计算习惯
四年级	多位数的除法运算	运用方法结构进行主动的学习;能根据具体情境需要进行除法的估算;理解除法笔算的算法结构,掌握基本的除法笔算方法;养成"先估后算再比较"的计算习惯
	整数的四则运算、四则运算定律	能运用运算规律进行简便运算,能根据具体情境灵活判断与选择恰当的方法进行计算

续 表

年级	教学内容	教学目标
四年级	小数加减法	了解小数加减法的运算基本类型，知道小数加减法运算法则与整数运算法则的区别与联系
五年级	小数乘除法	了解小数乘除法的运算基本类型，知道小数乘除法运算法则与整数运算法则的区别与联系，能快速判断小数运算的大概范围
	小数四则混合运算	知道小数四则运算法则与整数运算法则的区别与联系
	分数加减法	了解分数加减法的基本运算类型，会用枚举法提炼抽象法则，会用转化的方法解决分数加减法的问题
六年级	分数乘除法	了解分数乘除法的运算基本类型，会用枚举法提炼抽象法则，会用转化的方法解决分数乘除法的问题
	分数四则混合运算	了解分数各种运算的基本类型，经历发展，抽象的过程，感受从特殊到一般的思想方法

从横向角度观察，我们可以发现数运算不断横向发展，先后进行了两次结构性的认识过程，分别是小数范围内的数运算结构、分数范围内的数运算结构，而这两次结构性的认识是建立在整数数运算的结构体系基础上的，与整数范围内的数运算结构体系有着密切的联系。

从形式上看，数运算包括口算、笔算、估算和简便运算，它们之间又有密切的内在关系，互相融合、有机渗透、有主有次、相互关联。

其教学过程可概括如下（见图4-16）：

方法探究 → 方法提炼 → 对比归纳 → 拓展提高

图4-16 数运算教学结构图

通过以上分析，我们认为在数运算的教学中，教师应充分把握数运算知识之间的内在联系，引导学生经历从整体上了解和把握数运算各种类型的认识过程，经历从特殊到一般的发现和提炼数运算发展的形成过程。在数运算的形式上，应注重体现口算、估算、笔算、简算之间的主次地位和相互之间的融合，使学生在掌握各种运算方法和形成相关计算能力的基础上，学会有序地和结构性地思考，养成有序的思维习惯，并用独特的数学眼光发现和解决问题，找出运算中的一般规律，感受法则、定律形成过程中的数学思想，且能够根据实际情境选择恰当的方法进行灵活计算，建立基本的数感及对计算的敏感性，提升学生数学思维的灵活度和敏捷性，真正达到深度学习的目的。

"整数加减法"教学结构分析

1. 内容分析

在小学阶段，整数的加减法分为三个循环的学习，具体结构如表4-11所示。

表4-11　整数加减法内容结构图

年级	具体内容	类型			
		加法		减法	
一年级	20以内数的加减运算	一位数与一位数相加		一位数与一位数相减	
		两位数与一位数相加		两位数与一位数相减	
二年级	百以内数的加减运算	整十数与整十数相加		整十数与整十数相减	
		整十数与一位数相加		整十数与一位数相减	
		整十数与两位数相加		整十数与两位数相减	
		两位数与一位数不进位加法	两位数与一位数进位加法	两位数与一位数不退位减法	两位数与一位数退位减法
		两位数与两位数不进位加法	两位数与两位数进位加法	两位数与两位数不退位减法	两位数与两位数退位减法
三年级	三至四位数加减	连续进位加法	加法估算	连续退位减法	减法估算

对于20以内数的加减法的教学，教师应借助现实情境帮助学生理解运算的意义，同时也要帮助他们经历将运算的概念与具体的情境实体相分离的抽象过程，帮助他们体会算式中的抽象符号所表示的具体内涵，值得注意的是等号所表示的丰富含义。

2. 策略选择

在教学的过程中，教师还应引导学生整体感悟整数加减运算的基本类型，不断将已积累的学习经验进行激活和利用，遵循从整体到局部的认识规律，在整体感悟框架知识的基础上，主动学习和把握框架中的每一部分知识。同时在运算定义、运算算理、运算法则等方面进行类比，将其主动迁移到新的运算学习之中。例如，在百以内数的加减法的教学中，以加法为例，基本要让学生理解和掌握加法的三种基本算理和算法：一是利用数的组成进行计算的方法，二是利用运算法则进行计算的方法，三是利用分拆凑数进行计算的方法。然后将三种算法迁移到百以内数的加法的学习之中，帮助学生感悟"类方法"的存在；并引导学生比较分类，提升学生结构思维的认识水平，让学生经历从"一"到"多"，从"多"到"类"不断提升的过程，引导学生对算法进行比较和分类，将零散的多种方法经过提炼抽象、归纳概括为集中的、基本的"类方法"。

"表内乘法"教学结构分析

"表内乘法"的教学主要包括2～9的乘法口诀的教学，从表面上看比较简单，学生通过记忆就能够很好地把握这些知识，但是这些知识内部是否存在着密切的结构关联呢？教材为了凸显这一点，也设计了一些练习，如填表格、数轴等，其目的就是让教师能进一步对表内乘法知识结构所蕴含的丰富资源进行开发和利用。

针对以上分析，我们认为对于"表内乘法"的教学，首先应该看到其内部具有结构类同的关系，无论在算式的个数、意义、形式的变化规律上，还是在根据算式特点编口诀等方面都具有共性。在教学中，教师可以利用这些共性的结构特征，引导学生进行组织和迁移，从而使其建立结构化的思维方式。

其次，尝试引导学生发现乘法之间的相互转换关系。例如，5的乘法算式包括$5×1=5$、$5×2=10$、$5×3=15$、$5×4=20$、$5×5=25$。根据乘法的意义，可以将最后一个乘法算式$5×5=25$转化成之前的几条算式，即$5×5=5×1+5×4=5×2+5×3=5×3+5×2=5×4+5×1$。进行这样的转换，一方面可以帮助学生巩固对乘法意义的理解，从而进行灵活运用；另一方面可以帮助学生养成有序和结构化思维的习惯。更重要的是，在转化的过程中，学生可以进一步巩固乘法口诀，从而为四年级继续学习乘法运算和乘法分配律奠定学习的基础。

最后，在教学中教师可以引导学生利用乘法口诀的纵横关系，对数进行灵活有序的拆分。例如，对于$4×4$这个算式，学生可以拆分出$4×4=1×4+3×4$，$4×4=2×4+2×4$。那么能否根据这个拆分，尝试不遗不漏地把$5×4$也进行拆分呢？

$5×4=1×4+4×4$

$5×4=2×4+3×4$

$5×4=3×4+2×4$

$5×4=4×4+1×4$

观察这几个式子，说说你发现了什么。再对比2、3的乘法算式，发现它们之间的内在关系和规律（如2的乘法和4的乘法之间存在加倍的关系等）。

"用一位数乘除"教学结构分析

"用一位数乘除"的教学属于乘除运算中的第二次循环。在教学中，教师可以重点引导学生理解乘除法的基本类型，并运用合理的估算解决问题，掌握笔算乘除法的方法结构。

其中笔算的方法结构主要包括笔算的运算顺序、分步运算结果的定位、运算最终结果形成这三个方法步骤。学生在掌握了笔算学习的方法结构之后，就可以运用同样的方法结构进行一位数乘除笔算、两位数乘除笔算的学习了。在教学的过程中，教师应注意以下几个问题：

（1）关注学生在学习过程中是否真正理解了笔算的算理和算法，是否真正理解了笔算过程的方法结构。

就笔算的结构而言，无论是多位数的加减法还是乘除法，它的过程是一致的，即运算顺序的确定—分步运算结果的定位—运算最终结果的形成。

因此在教学过程中，教师可提出以下三个核心问题：

① 笔算时的运算顺序是怎样的？

后续的追问：什么时候可以从高位算起？什么时候可以从个位算起？

其中在理解除法竖式的时候，要重点突破为什么除法的笔算运算顺序与加减乘不同，如果从低位算起会出现什么样的问题？

② 每一步的结果应该写在哪里？为什么？

后续的追问：为什么要写在这里？表示的是什么意思？

特别注意的是0占位的问题，要重点突破为什么积或商的这一位上面是0。

③ 运算的最终结果是怎样得到的？为什么？

（2）注意培养学生的估算意识与能力。估算的意识与能力不是一朝一夕就能够养成的，而是需要逐步渗透的。要充分利用笔算中的"鲜活情境"，让学生充分感受到估算的现实意义，如此才能够帮助其达到灵活运用的程度。在估算的教学过程中，教师应注重培养学生对估算结果范围的确定，帮助其养成良好的数感，也养成"先估后算再比较"的计算习惯。

（三）数运算规律的知识结构分析

1. 结构分析

小学数学中的数运算主要是加减乘除运算，这些运算内部的规律之间呈现出以下几方面的结构关系（见表4–12）。

表4–12　数运算规律的知识结构图

规律分类	运算种类	低级运算	高级运算
不变规律	一种运算	加法 加法交换律：$a+b=b+a$ 加法结合律：$(a+b)+c=a+(b+c)$	乘法 乘法交换律：$a\times b=b\times a$ 乘法结合律：$(a\times b)\times c=a\times(b\times c)$
		减法 减法差不变性质： $a-b=(a+c)-(b+c)=(a-c)-(b-c)$ 连减性质：$a-b-c=a-(b+c)$	除法 除法商不变性质： $a\div b=(a\times c)\div(b\times c)$ 　　　$=(a\div c)\div(b\div c)\ (c\neq0)$ 连除性质： $a\div b\div c=a\div(b\times c)$
	两种运算	加减法与乘法组合 乘法对加法分配律： $(a+b)\times c=a\times c+b\times c$ 乘法对减法分配律： $(a-b)\times c=a\times c-b\times c$	加减法与除法组合 加法与除法分配律： $(a+b)\div c=a\div c+b\div c$ 减法与除法分配律： $(a-b)\div c=a\div c-b\div c$
共变规律	一种运算	加法中的共变规律： 若$a+b=c$，则 $a+d+b=c+d$ $a-d+b=c-d$ $a+(b+d)=c+d$ $a+(b-d)=c-d$	乘法中的共变规律： 若$a\times b=c$，则 $a\times d\times b=c\times d$ $a\div d\times b=c\div d$ $a\times(b\times d)=c\times d$ $a\times(b\div d)=c\div d$
		减法中的共变规律： 若$a-b=c$，则 $a+d-b=c+d$ $a-d-b=c-d$ $a-(b+d)=c-d$ $a-(b-d)=c+d$	除法中的共变规律： 若$a\div b=c$，则 $a\times d\div b=c\times d$ $a\div d\div b=c\div d$ $a\div(b\times d)=c\div d$ $a\div(b\div d)=c\times d$

横向观察可以发现数运算规律之间具有类比关系，纵向观察则可以看到数

运算规律是从一种运算的不变规律到两种运算组合的不变规律再到共变规律，因此数运算规律之间具有很强的内在结构关系。

2. 策略选择

基于以上分析，我们认为在运算规律的教学中，其教学结构应由两个层次构成：

层次一：围绕本节课的基本问题和基本结论进行研究，包括提出问题引发猜想、分类研究枚举验证、归纳梳理概括结论。

层次二：完善学习的结构并进一步拓展研究，将第一层次所获得的结论做纵向或横向的拓展延伸。

其教学结构可概括如下（见图4-14）：

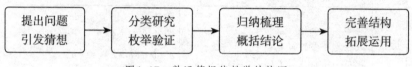

图4-17　数运算规律教学结构图

（四）图形计算教学的知识结构分析

1. 结构分析

图形的测量与计算包括一维的平面图形周长计算、二维的平面图形面积计算和二维的物体表面积计算以及三维的体积计算。这不仅是计算问题从一维到二维再到三维的发展过程，而且是三维空间观念逐步建构和完善的过程。图形计算教学的知识结构如表4-13所示。

表4-13　图形计算教学的知识结构

年级	教学内容	教学目标	应用
三年级	平面图形的周长计算	测量和计算简单图形的周长，掌握长方形、正方形的周长公式	一维的平面图形周长计算
	长方形和正方形的面积计算	掌握长方形、正方形的面积公式，估计给定简单图形的面积	二维的平面图形面积计算
五年级	平行四边形、三角形、梯形面积计算	掌握三角形、平行四边形和梯形的面积公式，能解决实际问题	二维的平面图形面积计算
	长方体、正方体表面积、体积计算	掌握长方体、正方体的体积和表面积的计算方法，能解决简单的实际问题	二维的平面图形表面积计算和三维立体图形体积计算

年级	教学内容	教学目标	应用
六年级	圆的周长、面积计算	掌握圆的面积的计算方法，能解决简单的实际问题	一维的平面图形周长计算和二维的平面图形面积计算
六年级	圆柱、圆锥的表面积、体积计算	掌握圆柱的体积和表面积以及圆锥体积的计算方法，能解决简单的实际问题	二维的平面图形表面积计算和三维立体图形体积计算

2. 策略选择

每一部分内容的教学任务主要集中在：

（1）要注意在教学过程中促进学生形成有序的和结构化的思维方式。

（2）在教学过程中遵循和体现学生关于图形计算的认识过程，渗透上位的思想和策略，即规则图形测量计算问题—掌握方法—不规则图形测量计算问题—转化为规则图形—运用方法解决—估测和估算。

其教学结构可概括如下（见图4-18）：

图4-18　图形计算教学结构图

四、数量关系运用教学的结构分析

所谓数量关系运用，就是灵活运用数与式的基本概念和原理解决现实生活中的实际问题，在小学阶段以数量关系的算术运用为主，涉及简单的方程运用。[①]

所谓算术的思想方法，就是用一定的数量符号进行思维表述的方式，通过用加、减、乘、除把已知的数量符号连接起来，建立起解决问题的数学算式，不允许有未知的数量符号参与运算。[②]

小学阶段以数量关系的算术运用为主，小学高年级阶段则初步了解一些简

① 吴亚萍，叶澜. 数学教学改革指导纲要［M］. 福州：福建教育出版社，2017（1）：209.

② 吴亚萍，叶澜. 数学教学改革指导纲要［M］. 福州：福建教育出版社，2017（1）：209.

单的方程运用，到了初中阶段则以数量关系的方程与不等式运用为主。从算术运用到数量关系的方程运用再到不等式运用，可以显示出数学知识和思想方法的变化发展脉络，同时也说明了只有在小学阶段打下坚实的数量关系算术运用基础，才有可能体会数量关系运用中的代数思想，因此小学阶段数量关系运用的教学具有重要的基础性地位。

1. 数量关系教学的问题存在

在具体的教学实践中，教师对于数量关系运用的教学状况，往往出现两种极端化的做法：一是十分强调学生对数量关系抽象术语和关系式的熟练表达，却忽略了引导学生通过大量的情境进行归纳提炼、概括抽象的过程，这样的做法让学生单纯依靠记忆和机械的表达进行解题，而无法理解数量关系的抽象术语，使学生逐步陷入枯燥、机械的学习当中；另一种则是回避数量关系，在教学中直接舍去数量关系的术语和关系式，使学生将该部分知识变成了只能意会而不能言传的"缄默"知识，这样的做法直接导致学生沉浸在具体情境当中，缺乏必要的抽象和提升，从而缺少了建模过程，无法进行举一反三。

无论是对抽象概括过程的忽视，还是对数量关系的简单回避，都对学生理解和表达数量关系造成了极大的困难，不利于学生对该内容的理解与运用。

同时，教材中对数量关系知识的编排，是一个知识点一道例题及一组相关的练习。这样编排的好处是便于学生对该知识点的理解和掌握，但教师在开展教学的过程中，往往是围绕一个知识点展开点状教学的，在完成教材内容后，会设计一组与例题十分相似的题目，只变化其背景，但数量关系不变，对学生进行强化训练。这种集中性的点状教学导致的后果是：第一，虽然当时的教学效果极好，但是却在无形中使学生陷入大量单一的学习中，产生了思维定式；第二，割裂了数量关系只是整体之间的内在联系，虽然学生在单一知识点的练习中正确率非常高，但是在综合运用知识点的练习中却错漏百出、无从入手；第三，学生在解题的过程中往往只关注题目中的问题，而不思考数量关系，丧失了对数运算与数量关系之间内在联系的理解与把握。

针对以上问题，现行的教材已经将数量关系的教学与数运算教学进行融合渗透，将数量关系的运用问题渗透到日常的数运算教学之中，加大了对问题解决教学的力度，将每个单元的最后一个例题设计为解决问题的内容，以此避免上述问题。但实际的情况却是在数运算的教学中情境泛滥，而缺乏结合具体情境的教学过程来渗透数量关系的分析和理解。

因此我们认为，在教学的过程中，可采用整体综合的思维方式，系统规划和设计数量关系运用的教学：一方面促使学生理解数量关系的抽象术语和表达式；另一方面渗透各数量之间的内在联系，使学生形成对数量关系内容的整体认识和结构把握。

2. 数量关系的知识结构分析

数量关系的算术运用主要包括简单数量关系的运用、复合数量关系的运用以及特殊数量关系的运用。[①] 具体关系如下（见表4-14）。

表4-14　数量关系知识结构图

主要内容	关系运用类型	关系分类	关系	变式一	变式二	变式三
数量关系的算术运用	简单数量的关系运用	总量与部分量关系	部总关系	部分量+部分量=总量	总量−部分量=部分量	总量−部分量=部分量
			份总关系	每份数×份数=总量	总量÷每份数=份数	总量÷份数=每份数
		两个量的比较关系	相差关系	较大量−较小量=相差量	较小量+相差量=较大量	较大量−相差量=较小量
			倍数关系	较大量÷较小量=倍数	较小量×倍数=较大量	较大量÷倍数=较小量
	复合数量的关系运用	总量与部分量关系	部总复合关系	复合	求总量	求部分量	求部分量
				部总关系	变总量：++关系	+−关系	+−关系
					变部分：−+关系	−−关系	−−关系
				相差关系	变较小量：−+关系	−−关系	−−关系
					变较大量：++关系	+−关系	+−关系
				份总关系	变总量：×+关系	×−关系	×−关系
					变部分：÷+关系	÷−关系	÷−关系
				倍数关系	变较小量：÷+关系	÷−关系	÷−关系
					变较大量：×+关系	×−关系	×−关系

① 吴亚萍，叶澜. 数学教学改革指导纲要［M］. 福州：福建教育出版社，2017（1）：210.

主要内容	关系运用类型	关系分类	关系		变式一	变式二	变式三
数量关系的算术运用	复合数量的关系运用	总量与部分量关系	份总复合关系	部总关系	变总量：+×关系	+÷关系	+÷关系
					变部分：-×关系	-÷关系	-÷关系
				相差关系	变较小量：-×关系	-÷关系	-÷关系
					变较大量：+×关系	+÷关系	+÷关系
				份总关系	变总量：××关系	×÷关系	×÷关系
					变部分：÷×关系	÷÷关系	÷÷关系
				倍数关系	变较小量：÷×关系	÷÷关系	÷÷关系
					变较大量：××关系	×÷关系	×÷关系
		两个量的比较关系	相差复合关系	部总关系	变总量：+-关系	++关系	+-关系
					变部分：--关系	-+关系	--关系
				相差关系	变较小量：--关系	-+关系	--关系
					变较大量：+-关系	++关系	+-关系
				份总关系	变总量：×-关系	×+关系	×-关系
					变部分：÷-关系	÷+关系	÷-关系
				倍数关系	变较小量：÷-关系	÷+关系	÷-关系
					变较大量：×-关系	×+关系	×-关系
			倍数复合关系	部总关系	变总量：+÷关系	+×关系	+÷关系
					变部分：-÷关系	-×关系	-÷关系
				相差关系	变较小量：-÷关系	-×关系	-÷关系
					变较大量：+÷关系	+×关系	+÷关系
				份总关系	变总量：×÷关系	××关系	×÷关系
					变部分：÷÷关系	÷×关系	÷÷关系
				倍数关系	变较小量：÷÷关系	÷×关系	÷÷关系
					变较大量：×÷关系	××关系	×÷关系
	特殊数量的关系运用	总量与部分量关系	部总/份总关系		购物情境		
					行程情境		
					工程情境		
					……		

续 表

主要内容	关系运用类型	关系分类	关系	变式一	变式二	变式三
数量关系的算术运用	特殊数量的关系运用	两个量的比较关系	相差/倍数关系	购物情境		
				行程情境		
				工程情境		
				……		

根据数量关系的知识结构图，我们认为在小学阶段数量关系运用的教学主要分以下三个阶段（见图4-19）。

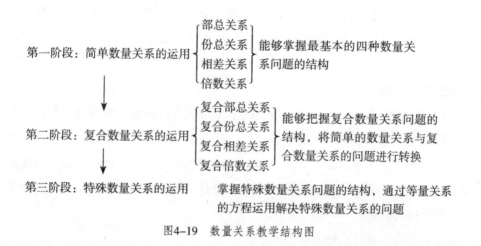

图4-19　数量关系教学结构图

3. 策略选择

（1）教师在日常教学中应结合四则运算意义的认识逐步渗透基本的数量关系，对于复杂问题的解决，应变换设计问题或提供机会让学生主动尝试变换，帮助学生理解复合数量关系的形成过程，以此来帮助学生形成对复合数量关系的整体认识。

（2）通过集中教学，引导学生整体感悟数量关系中各数量之间的内在联系，注意引导学生经历从大量具体情境中提炼出其本质属性的抽象过程，帮助学生在抽象的数量关系概念与具体的情境之间建立有意义的联系。

（3）注重开展各种数量关系的综合运用练习，一方面帮助学生加强对三个数量之间关系的整体感悟；另一方面基于学生对数量关系概念认识的抽象过程，帮助其达到对各种数量关系抽象认识的综合运用。

五、统计与概率教学的结构分析

小学阶段的统计知识，以描述统计为主，包括数据的统计整理、统计图认识、统计表认识的教学。

1. 统计与概率教学存在的问题分析

由于小学阶段统计知识内容不多，教材是将各内容经过分解编排到各个年级中的，但容易出现知识点散和碎片化的现象。主要存在以下问题：第一，教师容易使统计教学变为计算教学或数数等活动；第二，学生不清楚统计的意义何在，往往是为了统计而统计，使统计学习变为盲目的过程；第三，教学中情境化、活动化现象泛滥。上述问题直接导致统计与概率的教学难以落实小学统计教学的育人目标。

2. 内容结构分析

我们认为在统计的教学中，应关注学生对数据的收集、整理分析和特征量计算的过程，帮助学生认识和学会制作统计图表，理解统计特征量在分析数据中的作用及意义，提升学生收集、分析、处理数据的水平和能力，帮助学生感受和发现现实生活中的不确定随机现象，提升学生发现和把握随机现象发生的统计规律性的能力。

其教学内容及目标如表4-15所示。

表4-15　统计教学内容结构图

教学内容		教学目标
一年级	比较、排列、分类	能根据给定的标准或者自己选定的标准，对事物或数据进行分类，感受分类与分类标准的关系
二年级	数据统计整理、统计表认识	经历简单的数据收集和整理过程，了解调查、测量等收集数据的简单方法；会用记号表示和有条理地进行数据统计，知道统计表的要素，能用统计表表示和说明数据的分布状况
三年级	复式统计表	能根据收集、整理的数据填写统计表，并能根据统计表的数据进行简单的分析

续 表

	教学内容	教学目标
四年级	统计图、条形统计图的认识，简单的平均数	（1）知道条形统计图制作的要求和步骤，能根据数据特点或者实际需要确定统计的组数，会用条形统计图反映数据的分布状况，并根据条形统计图说明数据的分布特点。 （2）认识平均数概念的丰富内涵，会用平均数作为数据的代表量进行比较
五年级	折线统计图的认识、复式折线统计图	（1）能根据频数特点确定纵轴间距，能用语言描述统计图中的数据变化趋势。 （2）会制作折线统计图和复式折线统计图，能根据数据特点合理确定图形的位置，能根据折线统计图说明数据的变化趋势，能根据复式折线统计图进行比较
六年级	扇形统计图、综合运用统计知识	（1）了解扇形统计图的特点和作用，知道扇形统计图可以直观地反映部分数量占总数的百分比，能读懂扇形统计图并从中获取必要的信息。 （2）知道对于同样的数据可以有多种分析的方法，能根据需要选择合适的统计图，直观、有效地描述数据，进一步发展数据分析观念

3. 策略选择

（1）注重引导学生对现实生活中的不确定现象进行统计，帮助学生理解统计的目的和意义。让学生体会到不论是什么样的情境，一定要以对现实生活中的不确定现象的观察、调查为前提，从而将统计的基本思想方法渗透在教学的过程之中。

（2）引导学生经历数据收集、处理和分析的统计过程，帮助学生学会有条理地进行统计数据，注重从整体上认识和把握统计图表的要素，注意提升学生根据统计图表说明数据分布状况的能力。

（3）为了能使学生感受和体会平均数在现实生活中的意义和作用，认识和理解抽象概念背后的丰富内容，应注重引导学生在感知大量不同背景材料的基础上，通过聚类分析，从中归纳提炼和概括抽取它们共同的本质属性，强调让学生在对知识概念内涵形成丰富认识的基础上进行有意义的联系。

六、整理与复习课的教学结构分析

数学整理和复习的教学主要有单元复习的教学和期末综合复习的教学。在整理与复习课的教学中，主要采取的策略有：

让学生主动尝试对知识进行整理与复习，从而达到个性化和创造性发挥的目的。一方面对书本知识进行"由厚到薄"提炼要点的过程，另一方面根据要点进行"由薄到厚"的创造发挥过程，从而帮助学生形成综合能力。其教学结构如图4-20所示。

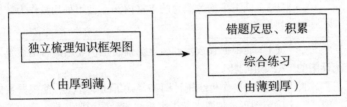

图4-20　整理与复习教学结构图

1. 整理与复习教学结构

教结构是整理与复习的指导课，其教学重点应该放在引导学生掌握知识整理和复习的过程及一般步骤上。其主要的教学过程如图4-21所示。

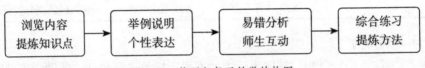

图4-21　整理与复习教学结构图

在三年级之前，主要以学生的口头表述和填写括号式和表格式的形式为主；从四年级开始则要让学生独立制作知识网络图。

在用结构的阶段，其教学重点应聚焦在学生整理作业的交流和评价上，通过问题的纠正和整理的修改与完善，提高学生的综合学习能力。其教学过程如图4-22所示。

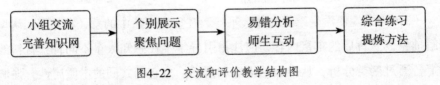

图4-22　交流和评价教学结构图

2. 典型案例分析

"100以内数的加法和减法整理和复习"教学实录与思考

1. 提出问题

在新教材的设计中，每一个单元的整理复习最后都设计了成长小档案，以此引导学生对知识进行积累与梳理。在教学的过程中，应重视知识点之间的联系，重视对知识进行纵向梳理和横向沟通。教材的安排有利于学生对知识的理解与记忆、提取与应用，也能够帮助学生形成良好的认知结构。对比过去，新教材显然更加重视学生对整理知识能力的培养，借助成长小档案，帮助学生逐步形成梳理知识的能力。然而在平时的教学中，教师甚少利用成长小档案进行教学。而对于低年级的学生来讲，他们梳理知识的能力仍比较薄弱，特别是在梳理的过程中，单纯地罗列知识点是很难使其对所学的知识有深刻体会的。那么，如何让低年级的学生在整理复习的过程中借助成长小档案对知识间的联系、区别有更加深刻的体会呢？本文通过对二年级《100以内数的加法和减法》整理和复习的案例进行分析，以引发教师对低年级数学整理复习课的思考。

2. 片段回放

课前学生通过翻阅教材，收集本单元的知识点，制作成长小档案。

> 通过本单元的学习我知道了：
>
> 我举的例子是：
>
>
> 我的疑惑是：

【教学片段1】

知识点回顾：

生1：我通过这个单元的学习，知道了相同数位要对齐，因为如果不对齐就会算错了。比如，刚刚的例子26+38=64：

$$
\begin{array}{r}
2\ 6 \\
+3_1\ 8 \\
\hline
6\ 4
\end{array}
$$

生2：个位的6如果对着十位的3就是错的。

师：为什么呢？个位的6表示什么？十位的3表示什么？它们为什么不能对齐？

生3：因为个位的6表示6个1，个位的8表示8个1，它们表示一样的意思；十位的2表示2个10，十位的3也表示3个10，所以它们也表示一样的意思。

师：原来表示一样的意思才能相加减啊。那为什么要从个位算起啊？

生13：比如，刚刚的例子46-38。这道题如果从十位先算，4减3等于1，写了1，然后再算个位就不够减了，所以就要擦掉那个1，又要从个位算了。

师：同学们表现得太棒了，通过对比大家的成长小档案，我们不仅找出了这个单元学了什么，还解决了为什么要这样做的问题。在以后的学习中，希望大家都能养成多问为什么的习惯，真正学会数学。

……

【教学片段2】

构建知识网络。

师：我们刚才整理了下面的一些知识点，观察一下你们小组成长小档案中收集到的知识点，哪些重复了？哪些遗漏了？能否把它们梳理成一个知识网络呢？

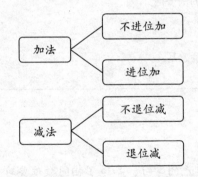

图4-23　加法、减法知识点结构分析图

四人小组交流，个别汇报。

师：大家看看这个小组的知识网络，你们觉得"相同数位要对齐""从个位算起"这两个知识点应该放哪个位置上？为什么？

生1：我觉得应该放在不进位加的上面，因为不进位加用到了。

生2：我觉得应该放在进位加的下面，进位加也要用到相同数位对齐，从个位算起啊！

生3：我觉得应该放在不进位加和进位加的中间，因为进位加和不进位加都要用到。

生4：那减法也要用到啊，所以我觉得应该放在加法和减法之间！

……

师：那"解决问题"这个知识点应该放在什么位置上呢？

生5：我觉得应该放在最前面，因为解决问题都要用到这里所有的知识点。

生6：我也觉得可以放在最后面，因为不仅用到了这里所有的知识点，而且它还是最后学到的一个例题呢！

师：同学们的思考太精彩了，原来每个知识点之间都是有联系的，所以我们在复习的时候就要好好想想这个知识点与原来的哪些知识点有联系。

……

议论分析：

（1）夯实点——将每个知识点学扎实，透过现象看本质。

学生在学习中首先接触的是现象，而现象和本质之间又有很大的区别，因此学生在独立制作成长小档案时，收集到的往往是某一个知识技能表面的描述，但每一个知识点都有其本质属性，而这些本质属性才是区别一类事物不同于另一类事物的标准。因此在教学中，教师不应仅仅满足于学生对知识技能表面的描述，更要狠抓知识技能的本质属性，抓住技能教学的根本。通过课前制作成长小档案，学生不仅能回顾"是什么"，还能加深挖"为什么"，从而不断将思维导向知识的深处，对每一个知识点进行深度思考，包括为什么加法竖式进位用小"1"、减法竖式退位用小"·"；为什么加减法的相同数位要对齐；为什么有的两步计算能用竖式的简便写法，而有的不行，等等。

在制作成长小档案的过程中，学生不仅经历了收集、积累知识点的过程，还对这些核心知识有了进一步理解。例如，对"为什么加减法的相同数位要对齐"这样的问题的思考，就涉及计数单位的知识，也会直接影响今后小数、分数的加减法计算。因此，在复习的过程中，通过对成长小档案收集到的知识点进行深度思考，将这些知识点都一一学扎实，使学生抓住知识的本质，让整理复习课真正成为夯实基础、查漏补缺的课，从而让复习课有更大的增值空间。

（2）形成链——在对比中形成知识链，感悟数学思想。

由于低年级的学生在学习的过程中所学到的每一个知识点是零散的、不系统的，有些知识点甚至是有缺失的，他们对于每一个知识点的内涵感悟也不够深刻，因此在制作成长小档案时，每一个知识点往往是单独出现的。那么在交流的过程中，当这些知识点一起出现时，应该如何有效帮助学生将这些知识点建立联系呢？从案例中可以看到，教师在教学中善用学生制作的这些成长小档案，不断地让学生将小组各个小档案中所收集到的知识点进行横向沟通，使知识点与知识点之间建立联系，形成知识链。例如，让学生思考"对比生1和生5小档案中加法和减法的两个竖式，你还有什么不明白的地方"，促使二年级的学生提出了"为什么加法的进1就用小'1'来表示，减法的退'1'就用小点来表示"这样的问题。通过对比发现加法与减法两个竖式的异同与联系，学生不仅对知识进行了深挖，还较好地发展了符号感。

（3）结成网——以纲带目构建知识网，优化认知结构。

当知识点与知识点之间建立联系形成知识链后，教师便要有意识地将知识链进行纵向梳理，构建知识网络。例如，在教学片段2中，教师提出了"观察一下你们小组成长小档案中收集到的知识点，哪些重复了？哪些遗漏了？能否把它们梳理成一个知识网络呢"这样的"大问题"，有意识地引导学生将小组内的成长小档案进行纵向梳理。这不仅有利于学生对每一个知识点、每一条知识链再次进行理解与记忆，而且有利于其知识的提取与应用，从而帮助学生形成良好的认知结构。我们可以看到，虽然只是二年级的学生，但他们的分析过程是如此的有理有据。结"网"的过程不仅仅是将知识简单地堆集或有序地排列，更是充分理解概念间的关系、深化记忆的过程，使学生抓住网络中最根本、最核心的知识。例如，对于"相同数位对齐，从个位算起"这个知识点放在什么地方的讨论，学生分析得比较透彻，因为这不仅是整数加法、减法的基本计算方法，而且是今后小数、分数等计算方法的基础，学生抓住了网中的纲，便能收到以纲带目的效果。

以上的案例给了我们很多思考，教师巧妙地利用成长小档案帮助学生夯实知识点、形成知识链、构建知识网，让学生在建立—对比—整理成长小档案的过程中，不仅将知识重现，更能感悟知识之间的联系与区别，使他们在不断自我完善认知结构的过程中，实现以点带面、厚积薄发，真正使其数学思维得到发展。

六年级《平面图形的周长和面积》教学设计

【教学内容】

课本P97例题2及"做一做"。

【教学目标】

1. 知识与技能

（1）使学生掌握周长和面积的含义。

（2）使学生知道平面图形的周长和面积公式的推导过程，掌握已学过平面图形周长和面积的计算公式，并会计算它的周长和面积。

2. 过程与方法

经历平面图形周长和面积公式的推导过程，体验数学学习的兴趣，积累数学活动的经验。

3. 情感、态度与价值观

加深对公式推导过程的认识，培养学生借助直观图进行合理推理的能力。

【教学重难点】

重点：理解公式的推导过程。

难点：公式的具体应用。

【课前准备】

多媒体课件。

【教学过程】

（一）创设情境——理解平面图形的周长与面积的意义

（1）图4-24是我校运动场的平面图，围着这个运动场跑一周跑了多长的路，就是求这个运动场的什么？在这个运动场上铺上草坪，需要多少平方米的草坪，又是求这个运动场的什么？

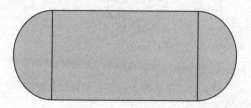

图4-24 运动场平面图

（2）结合这个例子说说什么是平面图形的周长，什么是平面图形的面积。

① 独立思考。

② 小组讨论。

③ 个别汇报。

a. 围成一个图形的所有边长的总和叫作这个图形的周长。

b. 物体的表面或围成的平面图形的大小，叫作它们的面积。

④ 说说在这句话中，哪些是需要我们特别注意的？为什么要注意这些字眼呢？

a. 围成一个图形的所有边长的总和叫作这个图形的周长。

b. 物体的表面或围成的平面图形的大小，叫作它们的面积。

⑤ 个别汇报。

（二）构建知识网络——平面图形周长和面积的推导过程

（1）我们学过哪些平面图形的周长和面积？

① 小组交流预习情况。

② 个别汇报，教师根据汇报的情况进行板书（见图4-25）。

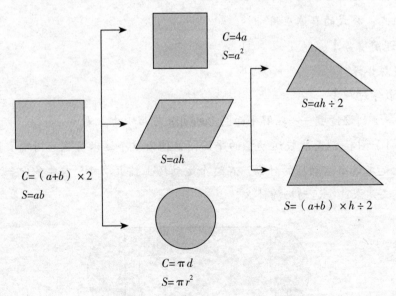

图4-25 平面图形的周长和面积结构图

（2）说说这些计算公式是怎样导出的。

① 小组交流预习情况。

② 个别汇报，教师进行相应的演示。

a. 长方形面积：首先将长方形平均分成若干个面积是1平方厘米的正方形，发现长方形的长相当于每行小正方形的个数，宽相当于行数，长乘宽正好是这些正方形的个数，就是长方形的面积，所以长方形的面积等于长×宽。

长方形的周长：两条长＋两条宽=2×（长+宽）

b. 正方形面积：正方形是特殊的长方形，因为长方形面积=长×宽，所以当长与宽相等的时候就是正方形了，所以正方形面积等于边长×边长。

正方形周长：正方形有4条边，每条边都相等，所以就是4条边的和：边长×4。

c. 平行四边形面积：沿平行四边形的高剪开，通过割补平移将其转化成长方形，拼成的长方形的长相当于平行四边形的底，拼成的长方形的宽就是平行四边形的高，拼成的长方形的面积是平行四边形的面积，因为长方形面积=长×宽，所以平行四边形的面积=底×高。

d. 三角形面积：用两个完全相同的三角形拼成一个平行四边形，拼成的平行四边形的底相当于三角形的底，拼成的平行四边形的高相当于三角形的高，拼成的平行四边形的面积是一个三角形面积的2倍，因为平行四边形的面积=底×高，所以三角形的面积=底×高÷2。

e. 圆的周长：将圆围一周发现一周的长度与圆的直径的比值是一个固定不变的数，叫作圆周率，所以圆的周长=直径×圆周率。

f. 圆的面积：将圆平均分成16等份，并将它拼成一个近似长方形的图形，拼成的长方形的长相当于圆周长的一半，宽相当于圆的半径，所以圆的面积$=\pi r \cdot r=\pi r^2$。

（3）对于课本中的这个表格，你还有什么问题？

（课本中的表格为什么这样设计？为什么由长方形引出，为什么三角形和梯形要跟在平行四边形的后面）

（三）错题反馈

（1）四人小组交流错题。

（2）个别汇报典型错题。

（四）巩固练习

（1）书本P97"做一做"。

（2）书本P99第4题。

（3）书本P100第6题、第7题。

（4）书本P101第9题。

学生独立完成每个题组，个别汇报，集体订正。

（五）课堂小结

这节课你有什么收获？

【板书设计】

平面图形的周长和面积。

5

第五章

促进小学生数学深度学习的教学策略

　　"策略"一词最初多运用于军事领域，是一种体现军事思想的战略和战术，具有明确的目标和计划。在心理学界，策略的运用也很广泛，涉及的是"一些认知加工策略和监控策略，如注意策略、编码策略、记忆复述策略等"①，所强调的是用于具体操作的技能和规划。

　　所谓教学策略，就是"为达到一定的教学目标而采取的相对系统的行为"②，它"具有对教学目标的清晰意识和努力意向，具有对有效作用于教学实践的一般方法的设想，在目标实现过程中对具体教学方法进行灵活选择和创造"③。在小学数学深度学习中，要以数学学科的核心内容为载体，有效整合学科核心内容，根据小学生的心理特点，促使他们在学习数学的过程中积极主动地、批判性地学习新的数学知识和思想，从而有效地将新知识融入原有的认知结构中，达到知识迁移的目的，从而发展高阶思维。因此，在小学数学深度学习的教学策略中，应突出以下几个特点：一是对于小学数学知识结构，应具备整体思想，把学生数学学习过程中的各要素组织成一个融会贯通的整体；二是从整体上分析小学数学知识之间的内在结构关系；三是根据小学数学的知识结构关系，对教师具体的教学行为进行系统的整体规划；四是对教学过程中

---

① 李晓文，王莹.教学策略［M］.北京：高等教育出版社，2000：4-5.

② 邵瑞珍.教学心理学［M］.上海：上海教育出版社，1997：80.

③ 李晓文，王莹.教学策略［M］.北京：高等教育出版社，2000：5.

所出现的情况进行有效预设，并能够准确判断教学过程中有可能出现的偶然事件，有效生成，使之成为教学中必不可少的资源。教师在确立了整体意识后，就能够将原来的点状教学转化为结构教学，从而实现从教材内容的整体出发，帮助学生在学习的过程中实现知识迁移，从整体结构的高度学习数学知识。

教学内容是深度学习中重要的基质性要素之一，与数学学科知识本身是密不可分的，但两者之间又有本质区别。与数学学科知识相比，教学内容更加存在如何选择、呈现方式、呈现时机等问题。因此为了帮助小学生实现深度学习，在教学内容的选择上，教师应有意识地为学生提供能与现实生活有效沟通的内容，充分调动他们已有的生活经验及学习经验，帮助他们形成沟通与区别学校数学与生活数学的能力，使其对外部世界形成相互转化的认识。因此，教师要通过对教材文本的解读，将数学知识中蕴含的育人资源进行深度开发，提升数学内容的结构性，使原本碎片化的数学知识通过整合形成结构化的学习内容，从而使学习内容具有"弹性化"和"框架式"的特征。因此，只有教师具备了教学策略的意识，才有可能从整体上系统地规划教学行为，将原来割裂的点状教学转化为体现整体意识的结构教学。本章主要针对教学内容组织、教学过程组织、资源组织和教学活动组织中策略的形成和选择的问题展开论述。

一、教学内容结构化组织策略

在第四章中，我们在对教材文本解读和分析的基础上，进一步开发和拓展了教材的育人资源，并对小学数学的教学内容进行了"条状重组""块状重组"以及"条块融通"的结构加工处理，构建了小学数学深度学习的教学结构。为了在教学中体现知识的整体结构，并归纳梳理出相对系统的教学行为，我们对教学内容结构重组的有效策略，即"促进条状重组的学用两段式""促进块状重组的整体感悟式"和"促进条块融通的相互融通式"进行分析与概括。

1. 条状重组学用两段式组织策略

众所周知，现行的教材是按纵向知识点的内在逻辑关系组成的由简单到复杂的结构链。这样的结构加工强调的是知识结构之间的纵向内在关联性，一方面使学生容易理解记忆和掌握运用，另一方面也是基于学生要学习高一级知识就必须具备相关的基础性知识的思考。然而这样的设计却造成了人为地将数学知识链割裂的后果。

以二年级加减法笔算的教学为例，教材是按照以下内容选择与编排的，如图5-1所示。

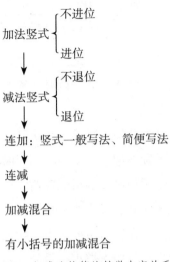

图5-1 加减法笔算的教学内容关系图

这样的设计，虽然学生容易理解并记忆，但是却需要学生从加法竖式的学习跳转到减法竖式的学习，再跳转过来探索连加，又再次跳转到连减的学习上，最后才加减混合一起探索。这样的点状设计不仅使学生的思维多次跳转，更是将两种运算笔算之间的联系完全割裂，无法完整地建立竖式笔算的知识结构，使学生接收到的仅仅是两种运算笔算的符号与结论。

针对以上分析，我们尝试将加减法笔算的教学进行"条状重组"，试图按照加减法笔算的逻辑关系对知识结构进行补充与重组，以帮助学生建立完整的加减法竖式笔算的知识结构。

在这个单元的教学中，加减法竖式笔算之间呈现出以下几方面的结构关系，如表5-1所示。

表5-1 加减法笔算结构分析表

运算步数	加法	减法
一步运算	不进位：$a+b$	不退位：$a-b$
	进位：$a+b$	退位：$a-b$
两步运算 （从左往右运算）	连加：$a+b+c$	连减：$a-b-c$
	加减混合：$a+b-c$	$a-b+c$

续 表

运算步数	加法	减法
两步运算 （带小括号运算）	加：$a+(a+c)$	连减：$a-(b-c)$
	加减混合：$a+(b-c)$	$a-(b+c)$

横向观察可以发现，加减法的笔算之间具有类比关系，纵向观察则可以看到实际上是从简单一种运算的竖式笔算到两种运算组合的竖式笔算，因此它们之间具有很强的内在结构关系。

然而教材中的内容仅仅涉及加法竖式、减法竖式、连加竖式、连减竖式、加减混合竖式，而重组后无疑增加了教学内容，课时数明显是不够的。为了解决这个问题，我们设计了学用两段式的组织策略，即以加法竖式、减法竖式为例，在课内让学生掌握探索加减法竖式的学习方法，并将此方法运用到课外探索加减混合的竖式上。又如，在课内引导学生掌握加减混合的竖式，再将此学习方法运用到课外，让学生自行探索带小括号的几种情况。这样的学用两段式设计不仅解决了课时数不够的问题，更重要的是让学生在课内不再只是掌握符号及结论，而是学习新知的方法，并灵活运用方法探索类似的问题，从而达到学以致用的效果。加减法笔算的阶段性数学设计表如表5-2所示。

表5-2　加减法笔算的阶段性教学设计表

材料	教学内容	安排	主要任务
教材内容	加法不进位竖式	课内	（1）掌握笔算加法的书写格式。 （2）提炼学习的方法结构
	加法进位竖式	课内	（1）强调进位情况的处理。 （2）运用方法结构在课内研究
	连加竖式	课内	（1）掌握笔算加法连加的书写格式。 （2）提炼简便写法的方法及算理
补充内容	连加竖式（带小括号）	课外	运用方法结构在课外研究
教材内容	减法不退位	课内	（1）掌握笔算减法的书写格式。 （2）提炼学习的方法结构
	减法退位	课内	（1）强调退位情况的处理。 （2）运用方法结构在课内研究
	连减竖式	课内	（1）掌握笔算减法连减的书写格式。 （2）强调不能用简便写法的理由，辨析什么情况可以用简便写法（如 $a-b-c$）

续 表

材料	教学内容	安排	主要任务
补充内容	连减竖式（带小括号）	课外	运用方法结构在课外研究，辨析什么情况不可以用简便写法［如 $a-(b-c)$］
教材内容	加减混合	课内	（1）运用连加、连减的笔算方法结构进行探究。（2）辨析加减组合后，什么情况可以用简便写法（如 $a+b-c$、$a-b+c$）
补充内容	加减混合（带小括号）	课外	运用方法结构在课外研究，辨析什么情况下不能用简便写法［如 $a-(b+c)$］
	数学学科活动	课外	（1）学会对相关的研究材料进行梳理、分类。（2）在变式情境中运用方法结构主动开展研究

通过对教学内容的条状重组，我们可以发现这样的调整能够有效帮助学生克服学习上的困难和障碍，使学生从整体上全面认识和把握加减法笔算竖式之间的区别与联系，进而使学生对同级运算有一个具体、感性和全面的认识，从而发现，数学知识表面看似不同，但在认识这些数学知识的过程中，学习的方法与过程是一致的，可以将类方法结构主动迁移到其他类知识的学习过程中，从而培养其组织和迁移知识方法的能力。

2. 块状重组整体感悟式组织策略

认知心理学家奥苏伯尔从儿童习得知识的角度，提出了两个处理教材的原则：[①]一是设计先行组织者原则，二是逐渐分化的原则。所谓先行组织者，指在学习的过程中，利用与学习内容相关的、清晰的、稳定的、包摄性较广的引导性材料，为学生学习新知建立脚手架，在学生对新知有了一个较全面、完整的上位知识感知后，再利用逐渐分化的原则，对知识的具体细节进行逐步分化，实现在上位概念同化中学习下位概念的目标。

为了实现感悟式的深度学习，教师在对教学结构进行加工时，可以按其内在的类特征组成一个整体，利用类知识结构间的横向关联性，将具有类特征的内容整合在同一个单元里，以实现块状重组学习内容的目的。这样的重组不仅有利于学生对类知识结构特征内涵的整体把握，而且能使学生逐步感悟到在认

---

① 李晓文，王莹. 教学策略［M］. 北京：高等教育出版社，2000：61-62.

识不同类事物的过程中，实质上蕴含了相同的思维方式，从而提升学生分类、比较、概括、抽象的能力。

例如，在教学平面图形周长的内容时，教材基于学生的年龄特点，仅仅提供了探索长方形和正方形的周长的学习内容。虽然这些内容相对于学生来讲比较容易理解、记忆、掌握和运用，但无形中割裂了学生对平面图形周长这一类知识的整体把握，更谈不上对其内在类特征的理解与把握。

在学习长方形与正方形周长计算的过程中，学生往往得到的是最终结论，即长方形的周长是长与宽之和的2倍，正方形的周长是边长乘4。这些都是最末端的具体算法，缺乏上位的思维策略式的学习和把握，更谈不上举一反三的探究与实践。因此，我们常常看到学生在三年级学习该内容的时候，看似对周长的概念理解没问题，但一旦到了高年级，面对复杂一些的平面图形，则表现出困难和茫然。

如果我们将平面图形周长的知识进行块状重组，那么其知识结构会进一步得到完整、归类。平面图形周长知识的结构分析如表5-3所示。

表5-3　平面图形周长知识的结构分析表

平面图形		边的特点	周长计算
三角形	等边三角形	三边相等	$3a$
	等腰三角形	两边相等	$2a+b$
	一般三角形	三边不相等	$a+b+c$
四边形	正方形、菱形	四边相等	$4a$
	一般四边形	三边相等	$3a+b$
	长方形、平行四边形	两组对边分别相等	$2a+2b$
	一般四边形	两组邻边分别相等	$2a+2b$
	等腰梯形、一般四边形	一组对边相等	$2a+b+c$
	一般四边形	一组邻边相等	$2a+b+c$
	一般四边形	四边不相等	$a+b+c+d$
多边形		多条边之和	$a_1+a_2+\cdots+a_n$
圆形		圆周长与直径的关系	$c=\pi d$

从表5-3可以看出，小学阶段所涉及的平面图形主要分为两大类：一类是规则图形，一类是不规则图形。其中规则图形主要有直边形与曲边形。学生探索直边形的过程，实际是一个从特殊到一般的学习过程，即先研究特殊的直边形。例如，长方形、正方形等，由于这些特殊的直边形其边的特殊性，就会有简便的计算方法，即对长方形和正方形四条边相加算式的简便运算，再到一般的平面图形，即将所有的边长度相加即可。然而不论是三角形周长计算还是四边形周长计算，甚至多边形、圆形的周长计算，其问题解决的基本路径都是一致的，就是都要从图形边的特点出发，思考解决问题所必需的条件，从而确定周长的计算方法及字母表示。

而对于问题解决的基本路径和思维策略的强调，其实就是深度学习中所强调的引导学生用整体的眼光来发现和认识事物的特点，学会用系统的思维来分析和沟通事物之间的联系，找到不同事物中蕴含的相同特征，从而综合形成问题解决的策略和路径。

因此，在教学的过程中将类内容通过块状重组的策略重新梳理重组，有助于学生在探索知识的过程中，学会从整体出发、从大局出发，通过思想决策来支配自己的行动，从而灵活地解决复杂问题，而不再是重复套用公式的简单机械操作。

3. 条块融通结构互通式组织策略

在此之前，我们分别从知识的"点""块"角度进行分析，通过知识的"条状重组"和"块状重组"将知识结构之间从"纵""横"两个方向上建立关联，那么如果将这些知识链和知识块组成的结构块放到整个年级甚至是整个小学阶段，实现条块通融，那么就可以打破传统、单一、割裂的教学格局，实现融合渗透式的深度学习新局面。

所谓融合渗透式的深度学习，就是从以一个知识点为主的教学到以一个单元或相关系列的知识整合和系统规划的结构教学，并将其放到整个数学教学的范围内考量，这样的整体思想给予了学生更大的思维空间，使他们身处一个更深层次的学习环境中，实现深度学习的教育价值。

以"数的运算"为例，其包括整数（自然数）、小数、分数的四则运算。从整数四则运算到小数四则运算再到分数四则运算，是数运算体系随着数范围的扩大而不断建立和完善的发展过程。具体内容的编排如图5-2所示。

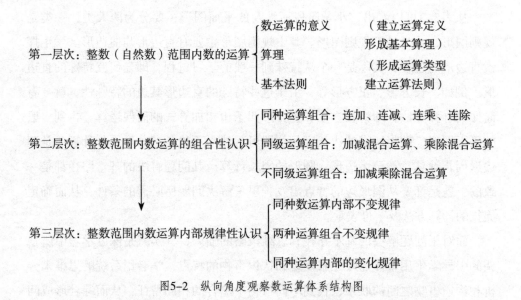

图5-2　纵向角度观察数运算体系结构图

我们从横向角度观察，如图5-3所示，可以看出数运算体系结构是先后进行两次结构性认识形成的，其与整数范围内的数运算结构体系有着密切的联系。

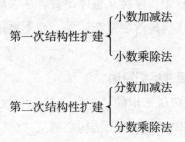

图5-3　横向角度观察数运算体系结构图

从纵向角度上看，数运算的形式包括口算、笔算、估算和简便运算，它们之间有着密切的内在关系，互相融合、有机渗透、有主有次、相互关联。口算、笔算、估算和简便运算四者关系如表5-4所示。

表5-4　口算、笔算、估算和简便运算四者关系表

运算形式	包含的内容	过程结构	联系
口算	20以内数的加减运算 表内乘除运算 整十数、整百数的加减乘除运算	根据数的组成或运算的意义获得结果	是其他一切运算的基础

续 表

运算形式	包含的内容	过程结构	联系
笔算	多位数加减乘除、小数加减乘除	运算顺序的确定—运算结果的对位—运算结果的形成	以口算为基础的复合运算
估算	多位数加减乘除、小数加减乘除	既可用估算方法进行计算，也用笔算的方法进行计算	对笔算近似结果的估计，与笔算对象相同
简便运算	整数、小数、分数四则混合运算	"凑整"方法进行简便运算，根据数运算规律或性质进行简便运算	简便凑整的计算方法是体现高级思维活动的特殊算法； 笔算是反映底线目标的一般算法

然而计算的内容较多、教学课时多、批改的量也非常多，为了打破这一固化思维的僵局，我们依据数概念的基本单位及其组成，根据数概念的构造方式，将其提炼、抽象并建立相应的法则，建议对各年级运算教学内容进行纵横融通重组设计。

这样从知识点、知识链、知识块最后到知识的整体融合渗透，不仅改变了以往在教学中教师按部就班、不折不扣地执行教材的僵化局面，促使教师在教材处理和内容把握上更加自主、动态，而且改变了原来知识结构的分离、割裂状态。整体结构化的深度学习，不仅对教学策略变革有着重要的意义，也将使学生受用终身。

二、教学过程动态化实施策略

一般来说，教学过程中的师生互动往往与问题解决紧密相连，教学围绕着问题的提出和解决来实现过程的展开与推进。因此，问题设计也是教学设计的重要内容之一。为了真正实现面向全体与个体差异的和谐统一，我们在教学过程中不仅要注意提出有效的问题，还要注意为不同层次的学生提供积极参与的机会。

（一）突破线性教学的实施策略

当今的数学课堂多数是以线性进行推进的，核心问题也是由教师预先设计好的，环节之间按比例、呈直线递进，在空间和时间上也呈现出流畅的课堂运动进程。在这样的课堂上学生基本没有表达自己异议的机会，这样的课堂往往被少数成绩较好且性格外向的学生所控制，成绩较差且性格内向的学生往往被忽视。

1. 设置前置性学习素材，发展学生自我监控能力

元认知理论指出：学生自我监控能力对于学习数学非常重要，因此要实施有序的思考步骤，让学生的学习活动成为其自觉的认知活动，充分发挥学生的主观能动性，实现学生的自我调节。在当前的课堂教学改革中，以“先学后教”为主要特征的“模式潮”得到强化，但在一线教学的具体实施过程中，我们常常看到的却是将原来的“讲灌”简单地变成“书灌”。由于有了学生的前置性学习，因此一些学习自觉、基础好的学生更容易成为课堂上的主导者，学生的两极分化情况更加严重，教师在课前设置的一系列前置性学习任务却成为束缚学生思想的桎梏。

以四年级的“加法运算定律”一课为例，教师针对教材的内容采用了“先学后教”的学习模式，并在课前为学生设计了一份前置性学习素材，如下图5-4所示：

《加法运算定律》课前小研究

姓名：________ 班级：

1. 自学书本相关内容，并完成下面填空。

（1）交换两个加数的（　　），（　　）不变，这叫作加法（　　）律。

（2）三个数相加，先把（　　）相加，或者先把（　　）相加，（　　）不变，这叫作加法（　　）律。

2. 试一试。

$A+B=$________+________。

$A+(B+C)=$________+（________+________）。

3. 举例子。

加法交换律：12+46=________+________。

加法结合律：（23+49）+51=________+（________+________）。

4. 练一练。

（1）你能把得数相同的算式连一连吗？

72+128	（75+25）+48
45+（88+12）	128+72
a+37+63	a+（37+63）
75+（48+25）	（45+88）+25

图5-4 《加法运算定律》课前小研究

由于学生根据这份课前小研究进行了"自学",在教学的过程中,学生每人都拿着这份小研究在课堂上大胆地汇报,个个都能侃侃而谈,教学进行得非常顺利,似乎根本就没有遇到什么问题。当学生们将这份小研究汇报完毕后,教师便设计了一系列类似的课堂练习,学生由于课前已经完成了相似的题目训练,对于课堂练习完成得也相当不错,一节课就这样上完了。

但我们不禁要问,所谓的"研究"仅仅是让学生通过看书后简单地模仿书本的例子,然后完成一些类似的题目吗?那么这种"书灌"与"讲灌"又有什么区别呢?学生在学习的过程中就真的一点问题都没有吗?

仔细分析上面的课前小研究不难发现,设计者虽然是严格按照教科书中的内容进行编排的,如将书中的一些内容进行适当的"留白",让学生通过看书便可迅速地找到答案,但他们却缺乏对该概念本质的思考。其实"运算律"早已得到了学生的默认,书本上的这些例子他们已经反复接触,那么"运算律"的教学重点就不仅仅是"规律的发现和检验",更不仅仅是做相关的练习题,而是如何能够通过自己的教学促使学生由原先对相关规律的不自觉认识转向更为自觉的状态。具体来说,应该包括:

（1）规律的清楚表述。规律的清楚表述是由自然语言向符号语言的必要过渡。

（2）规律的必要检验。努力帮助学生对所说的规律做出自己的解释和说明。联系相关运算的现实意义（加法：物体的聚集或合并）,帮助学生理解相关运算律的合理性。

（3）清楚地认识"运算律"的作用。数学（乃至一般自然科学）中对于规律的寻找也是一种有着明确目的性的活动,而绝非为了找规律而找规律。

（4）让学生积极地做出新的思考,如能否对已发现的规律做出新的推广或发展。

单纯地让学生独立看书完成简单的填空,是不能到达这一程度的,因此有必要调整这一份前置性学习素材,通过该内容的核心问题,来帮助学生突破原来的线性思维。基于以上的思考,将课前小研究重新调整,如图5-5所示。

《加法运算定律》课前小研究

姓名：_____ 班级：

1. 看了书上17页加法交换律的内容，
（1）我知道了加法交换律是：
（2）我以前曾经见过运用加法交换律的例子：
（3）我觉得加法交换律有这样的作用：
（4）我还存在下面的疑惑：
2. 看了书上18页加法结合律的内容，
（1）我知道了加法结合律是：
（2）我以前曾经见过运用加法结合律的例子：
（3）我觉得加法结合律有这样的作用：
（4）我还存在下面的疑惑：

图5-5 调整后的"《加法运算定律》课前小研究"

可以看出，上面这一份课前小研究将核心问题聚焦为"是什么（对概念的清楚表述）""为什么（知道为什么要引入这个概念，有什么用）""有什么联系与区别（弄清相关概念的联系与区别）"。这样的设计可以使学生的思维不再是线性的，而呈现非线性状态。学生在课堂汇报时就提出了许多值得深入思考的问题，如和为什么不变；除了加法，减法、乘法、除法是否也存在交换律。此外，他们还通过对一至三年级知识的回顾，进一步感悟加法运算定律的作用，对知识的本质做出更多思考。

通过上面的例子可以看出，只有对教学内容深入研究，准确把握核心问题，有效设计课前小研究，真正促使学生开展有意义的前置性学习，才能使学生学会数学思维，发展数学思维。

2. 有效对话，提升对数学思维的整体把握

如果在课堂教学过程中，教师能够为学生提供宽广的思考平台，通过引导学生开展有意义的对话，再针对学情引导他们逐步聚焦核心问题，那么便可以有效地提升学生对数学思维的整体把握，促使他们逐步逼近核心问题，开展有意义的数学思考。

【教学片段】

例如，在教学四年级《三角形三边关系》一课时，学生围绕三角形三边关系提出了多种角度的问题。下面是几个有代表性的问题：

（1）三条边的长度不一样长，才能拼成一个三角形吗？

（2）能不能拼成三角形与三条边的长度有关系吗？

（3）是不是三条边的长度一样长才能拼成一个三角形？

（4）有怎样的关系才一定能拼成三角形？

……

接着教师引导学生将刚才提出的问题进行分类，看看实际上我们需要解决的是哪几类问题。学生思考后发现，其实只存在下面两个核心问题：

（1）为什么有的线段就一定能拼成三角形，有的就不能拼成三角形呢？

（2）能拼成三角形的三条线段之间有怎样的关系呢？

于是学生根据以上两个核心问题开展探究活动。

从上面的教学过程中，我们可以看出，教师在引导学生归纳核心问题时，并不是马上抛出问题，而是让学生充分说出自己想研究的方向，再通过引导让学生找出这些问题之间的联系与区别，从而逐步聚焦这两个核心问题。在这一过程中，学生经历了发现问题、提出问题、分析问题的过程，从而达到掌握问题对象的数学特征和关系结构的目的，逐步学会了以整体的观念看待数学命题的方式。

3. 设计核心问题，深度挖掘教材内容，引发思维产生质的变化

叶圣陶说："教材无非是个例子。"那么作为教师的我们应该如何更好地利用这个"例子"呢？如果单单熟知"例子"、学习"例子"是不够的，更要从"例子"身上学习能力，通过多种解读扩大"例子"的内涵，从而学到"例子"所承载的更多信息，达到事半而功倍的效果。

4. 突破核心问题形成问题序列，培养多角度、多层次的思维

《义务教育数学课程标准（2011年版）》提出，教学活动应努力使全体学生达到课程目标的基本要求，同时要关注学生的个体差异，促进每个学生在原有基础上的发展。在教学的过程中，教师常常采用小组合作学习、汇报的方式组织教学，但在小组汇报的过程中，如何调动其他小组的学生也参与到思考中，使小组合作学习的成果成为全班学生学习的成果，是教师需要思考的问题。因此在教学中，教师应根据教学内容把握核心问题，在小组合作学习汇报的过程中，组织全班学生进行质疑、辨析，在对核心问题进行讨论的过程中，做到真正从学情出发推进教学，使小组合作探究活动具有较高的参与度与实效性。

【教学片段】

例如，在教学三年级"求一个数是另一个数的几倍"的内容时，学生在初步认识了"倍"的基础上进一步学习相关的知识，为运用倍的知识、加深对倍的概念的理解创造机会。教材有目的地指导学生画示意图表示数量关系，通过多种表征之间的转换，帮助学生理解用除法计算的方法。本课的核心问题是：

（1）求一个数是另一个数的几倍时，为什么要用这种方法来解决？

（2）怎样画图分析更好？

为了扩大学生的思考空间，让他们真正经历思维的碰撞，教师让学生先独立思考，通过画图、列式等方式，来表示擦桌子的人数是扫地的人数的几倍，然后再进行小组合作交流的教学任务。为了让小组合作交流更加有实效性，在小组合作之前，教师明确地提出："小组间的同学要轮流说出自己的想法，然后选出你们小组觉得最好的一种方法，让其他人很容易就能理解擦桌子的人数是扫地的人数的几倍，然后派代表到黑板上板书。最后每位同学都观察其他小组的情况，并提出自己的问题。"

由于教师为学生搭建了广阔的质疑平台，促使学生逐步形成了问题序列：

（1）为什么要用12÷4，为什么用除法？（指向核心问题1）

（2）为什么要这样画图？（指向核心问题2）

（3）这样画图更加简便吗？（指向核心问题2）

……

接着教师引导学生结合图来思考：要求12个擦桌子的人数是扫地的人数的几倍，实际上就是求什么呢？这时有学生就想到了其实就是求12里面有几个4，所以用除法计算，而这个问题其实就是本课的核心问题1。突破了这一点之后，教师便继续让学生观察各小组的作品中有什么共同的地方。学生发现：都是用两行来表示，一行表示扫地，一行表示擦桌子，突出的是研究两个量之间的倍数关系；都是以扫地的4个人为标准，所以擦桌子的12里面都圈了4份，所以让大家看得很清楚。通过比较学生还发现原来圈一圈更容易看出来，原来在每一行前面写上表示什么会更清晰。接着进行总结，我们在利用画图分析题目的时候要标清楚每一行表示什么，有的时候用圈一圈、画一画的方式会使图形更加清晰，让学生们真正感悟到画图策略的优势以及需注意的地方，这样便很好地突破了核心问题2。

通过上面的教学案例，我们可以发现，在开展小组合作学习后的汇报过程中，教师有意识地组织学生开展质疑，促使学生形成问题序列，在学生提出的问题中，选择有效问题直指核心问题。这样便能够使小组合作探究活动具有较高的参与度与实效性，真正实现了展示每个小组作品的目的，让小组交流合作更具实效性，且充分地利用了学生的生成资源，让他们在自己的作品中感悟知识的本质，真正经历了独立思考—小组交流（思维碰撞）—全班交流（归纳整理，找出共性，感悟本质）的过程（这个思考过程是有层次的，也是有价值的）。

实践证明，通过"核心问题"的有效导学，改变以往单纯以知识为主线的线性课堂结构，改变课堂提问散、碎、小、乱的现状，以知识与思维方法两条主线并行的"板块式"结构推进教学，将数学思维的培养与具体数学知识、数学技能、数学思想、活动经验有机结合，能够进一步提高学生的数学思维能力，发展其数学思维。

（二）调控课堂深度化的实施策略

《义务教育数学课程标准（2011年版）》指出："教学活动应努力使全体学生达到课程目标的基本要求，同时要关注学生的个体差异，促进每个学生在原有基础上得到发展。"然而在现实的常态教学中，由于班额较大，在组织开展学习时，教师得不到一种有效的教学策略指引，课堂教学基本以线性课堂的状态开展。

所谓线性课堂，是指环节与环节之间按比例、呈直线递进的状态，在空间和时间上代表规则流畅的课堂运动进程。精确、控制、预设，是线性课堂的基本特征。在这样的课堂上学生基本没有表达自己异议的机会，在课堂实施过程中一旦出现断裂、打岔、偶然发生错误的情况，教师会马上用正确"预案"将其覆盖，因此课堂往往被少数成绩较好且性格外向的学生所控制，成绩较差且性格内向的学生则容易被忽视。在评价方面，教师趋向于使用单一的评价标准，只能采用统一步调齐步走的策略。

与线性课堂相对的是非线性课堂，其环节设计不按比例、不呈直线顺序的关系，课堂行进过程中会有不规则的运动并存在可能的思维突变。因此非线性课堂是对学生思维现实的尊重，给予学生充分探究的时间，使其独立或与人合作共同发现规律、获得真理，而不是强制灌输某个文本概念以达成简单的"准确"。教师根据学情适当调整教学环节，从学情出发推进教学，发展学生的数学思维，从而实现深度学习的目的。

在实施非线性教学的过程中，教师在课前便要求学生分别从目标、问题、联系三个角度回忆相关知识，从而加强其对学习目标的认识，使不同层次的学生暴露出对所学内容目标的认知起点。这样，教师便可进一步了解学生对所学单元可能存在问题以及思考目标、新知与旧知可能存在的联系，构建起学生认知基础的三角式探底模式。

【教学片段】

例如，在教学六年级下册"图形的放大与缩小"时，教师在课前布置学生思考如下问题：

（1）目标：你认为本课需要掌握哪些内容？

（2）问题：对于这些内容，你有什么不明白的问题？

（3）联系：这些知识和以前我们学过的哪些知识有联系？

这样的问题设置使学生的思考有较宽的范围，能真正结合自己的基础和思维过程对新知进行梳理与思考，帮助不同层次的学生进行课前的深度思考，引发各层次学生对学习目标产生不同程度的认识，有助于学生加深对自我认知发展的认识，减少认知互动的盲目性、冲动性，提高其在学习活动中的认知效率。同时还有效地避免了由于前置性问题过细、过小，而形成线性思维、固化思维，也避免了上课时单纯的汇报答案，把"数学课"简单地上成"汇报课"的尴尬场面出现。

师：请你汇报一下课前自己的思考。

生1：我认为本课应该要我们学会按一定的比例尺画图。（可以看出该层次的学生思考的聚焦点集中在了如何画图上面。）

生2：我认为本课是让我们学会怎样让图形按一定的比例放大与缩小。（该层次的学生则将目标集中在了方法的概括上，相比之下该生具有较强的概括能力。）

教师板书：怎样画。

师：那你有什么不明白的问题？

生3：我不明白图形放大或缩小后，有什么相同的地方和不同的地方。（该层次的学生的关注点集中在了"同与不同"上面，这是一种基本的数学思维，可以看出这个学生比较善于在不同的对象之间进行比较，这种"求同存异"的思考就是直接关系到知识本质的过程）

教师板书：变与不变。

生4：我不明白如何将例题4中的三角形的那条斜着的边按2：1放大。（该层次的学生将关注点聚焦在问题的难点上面）

生5：我想弄明白放大后的图形面积是怎样变化的？（这个问题虽然在教学目标中没有涉及，但在实际教学中的应用，却是一部分学生经常不理解的关键点）

教师板书：面积的变化。

师：接下来，请你围绕自己刚才提出的问题进行思考、探索，并在小组内交流、讨论。

……

从上面的案例中我们可以看出，课前三角探底模式能有效激发各层次学生的深度思考，有利于个体更好地把握自身的知识起点，使学生的思考更切合已有的知识经验和理解水平。教师在充分探底学生认知水平的基础上，在课堂教学实践行动中，采用目标匹配教学策略，从学生的真实起点出发，设定研究的主题，让各层次的学生都能汇报适合的学习研究点和难度，使整个课堂避免了以往由教师提出学习目标和研究主题的僵化模式，而是真正实现了让学生根据自己的学习实际开展探究活动，充分调动个体能动性的数学目标。

但在问题聚焦的过程中，教师应注意以下几个方面：

（1）把握核心问题，做到心中有数。在实施教学过程中，并不是学生说一个问题，教师就马上写一个问题，而是要将学生的问题听完后再归纳本课的核心问题。当学生提出的问题出现重复，甚至有些问题与本课学习的联系不大时，教师应及时做出反应，引导学生找出本课的核心问题，这便需要教师在备课的时候做到心中有数，把握好本课的核心概念及核心问题。

（2）归纳问题时要精练、清晰。在归纳问题的时候，应尽量将问题精简，使其清晰，避免出现过大、过空的问题。例如在上面的案例中，教师根据学生1和学生2的汇报，聚焦到了"怎样画"的点上；根据学生3的汇报，聚焦了"变与不变"；根据学生5的汇报提出了"面积的变化"这个点。问题简练、清晰，有助于学生自主探究。

（3）根据学生的问题，及时调整教学。教师要根据学生提出的问题及时筛选教学内容，调整自己的教学活动。例如在上面的案例中，对于按比例放大或缩小后面积的变化规律，在备课时教师并没有将其列入学习目标当中，但当学生提出问题后，教师应及时分析该问题是否真的值得在本课让学生进一步探究。如果有必要，那么就要思考"在什么时候进行研究""研究的深度"等问题。"放大后图形面积的变化"这一问题，有助于学生进一步理解和巩固比例尺的意义，并区分比例尺的概念，即比例尺是距离之间的比，而不是面积的比，因此教师应结合实际的教学，将该问题列入本课的研究问题当中，而事实证明学生在对这个问题的探究上也充满了热情。

三、归纳资源有效化实施策略

深度学习是"一个复杂的、多元的、不可预测的系统"，主张让学生根据自身的理解和兴趣对问题做出不同形式的解答，而教师要及时根据学生认知结构的变化，以积极的态度激发学生自主建构。在建构的过程中，让学生尽可能地自由发展，但这也势必造成学生的思维有可能是发散的、无序的，甚至是零散的状态，但数学知识本身是具有严谨的逻辑性的，有着严谨的知识结构体系，这就造成了教学过程的封闭性与学习内容的开发性之间的矛盾。因此在教学过程中，教师应注意引导学生进行归纳积累，以促使其建构起完整的知识体系，形成系统的学习方法。

1. 在课堂内及时引导学生归纳积累，深度挖掘知识的内在含义

在课堂教学中，每经历一个知识点的探究学习后，教师都应及时让学生"回头看"，回顾一下刚才的探究过程，以帮助学生深度理解知识，形成技能，掌握系统的学习方法。例如，在"条形统计图"的教学中，教师就通过"走两步回头看"的方法，让学生明晰概念、形成技能、积累经验，感悟统计的数学思想。

【教学片段】

师：接下来进行一个小统计，老师给大家准备了三种早餐，分别是牛奶、豆浆和粥。如果想要统计我们班具体有哪些同学喜欢哪种早餐，你觉得用哪种

方法比较好呢？

生1：先让我们班同学来投票，然后用条形统计图来统计。

生2：喜欢喝牛奶的就举手。

生3：如果喜欢喝豆浆的就上去画一笔，写正字。

……

师：我们怎么知道这样统计的数据就是正确的呢？

生4：现在在座的是30个人，我们把三个数字加在一起，看一下是不是等于30个人。如果少于30个人的话，那就是有人漏记了；如果是多于30个人，那就是有人多记了。如果是刚好的话，那就说明是正确的。

……

师：那下面我们就来制作条形统计图。你能完成这幅条形统计图吗？有什么问题？

生1：有些可能会不够，因为有的是有十几个人，可是这个（条形统计图）只有九个。

生2：如果画牛奶的那一行画完了，就往它旁边画。

生3：我觉得不好，因为那样很容易混淆，如果两列都不够，就画到豆浆那里了。

生4：可以一直从上往下写，就是一张纸，我们可以一直往下写，如果写到0这里不够格了，可以继续在牛奶下面写。

生5：我觉得不好，因为上面记到9，你画在下面，别人不知道你下面还有写的内容。

生6：可以一格表示2。

生7：那我们可不可以一个格子代表4呢？

生6：用一格表示2，更容易分辨一点，因为它比较少；如果是4，有可能整除不了，或者相差很大，那就很麻烦了。

……

师：同学们，刚才我们是经历了一个怎样的学习过程？需要统计的时候，我们先做了什么？然后呢？

生8：我们先讨论了用什么方式进行统计。

生9：然后就开始每个人投票了，接着就画统计图了。

生10：我补充一下，投完票要看看数据跟总数对不对得上。画统计图的时候要想好一格表示几比较合适。

……

师：是的，同学们在使用条形统计图时，一格可以代表2，甚至可以代表4、代表5等，但是具体一格代表几，我们应该以我们统计到的数据的特点来决定。这就是我们一般统计的步骤（多媒体课件展示）：

收集数据—整理数据—选择合适的统计图—绘制统计图

……

在上面非线性的学习过程中，学生围绕着"用什么方法统计""怎样验证统计结果""用一格表示几比较合适"三个问题经历了三次辩论，教师充分开放课堂，让学生各抒己见，大胆发表自己的见解，使思维不断碰撞出智慧的火花。但这一过程中知识点的出现是零散的、非线性的。为了让学生形成系统的知识链，在讨论的最后，教师通过让学生回顾刚才的统计过程，并利用多媒体呈现出统计的一般步骤，指导学生学会从学习过程中找到关键点，梳理方法，从而形成系统的知识，掌握技能，感悟统计的数学思想。

2. 在课堂终变"口头"为"笔头"积累，形成知识的"三化"

在非线性学习过程中，为了夯实每一节课学习的内容，教师应指导学生利用"课前小研究"中的"我的收获"栏目，按"个人写收获（小结）——小组交流（互补）——全班交流（整合）"的步骤进行课堂小结，变过去课堂小结时的"说收获"为"写收获"，其目的就是让学生留下学习的痕迹，逐日积累，实现学习内容的"三化"：条理化（本节课学了哪些知识、与前面哪些知识有联系）、概括化（本节课掌握了哪些方法和规律、能解决哪些问题）、策略化（本节课学习了哪些解决问题的策略、注意事项与易错之处）。[①]

3. 在单元终以小档案的形式进行归纳，构建知识体系

在单元复习的时候，教师应指导学生借助成长小档案，积累知识，梳理知识网络，可以让学生通过建立、对比、整理成长小档案，将零散的知识点逐步

---

① 钱运涛. 在传承中审视　在稳妥中求变——小学数学"非线性"小组合作学习模式的实践
　研究［J］. 小学数学教育，2013（5）5-7.

梳理成知识网络，真正起到查漏补缺、完善认知结构的作用。学生要经历以下几个过程，①如图5-6所示。

图5-6 建立知识体系结构图

在独立制作成长小档案时，学生常常会收集到的是某一个知识技能表面的描述，但每一个知识点都有其本质属性，而这些本质属性才是区别一类事物不同于另一类事物的标准。因此，在指导的过程中，教师不能仅满足于学生对知识技能表面的描述，而是要狠抓知识技能的本质属性，不仅让学生回顾"是什么"，更要深挖"为什么"，从而不断将学生的思维导向知识的深处，使他们对每一个知识点都进行深度思考；还要以点带面地将知识点之间的联系与区别进一步明晰；当知识点与知识点之间建立联系形成知识链后，教师应有意识地指导学生将知识链之间进行纵向梳理，构建知识网络。

小学数学深度学习正是不断追寻着教与学最佳契合点的过程，不仅改变着教学理论的研究范式，也是真正意义上尊重个体差异和个性特点的教学，为我国基础教育课改中的教学实践开启了新思路，是当代教学理论与实践发展的必然要求。

四、教学活动个性化实施策略

《义务教育数学课程标准（2011年版）》提出，教学活动应努力使全体学生达到课程目标的基本要求，同时要关注学生的个体差异，促进每个学生在原有基础上的发展。但是在实际的教学中，有些教师为了迎合课程改革的精神，把合作学习看成教学中不可缺少的一个环节，认为课堂上有了小组合作就有了课改意识，就是一种开放的充满活力的课堂。事实上，新课程改革所倡导的小

---

① 孙明洁：借助"成长小档案"完善学生认知结构——以《100以内数的加法和减法整理和复习》教学为例［J］. 小学教学设计（数学），2015（9）.

组合作与学生独立思考并不是相互排斥的，而是相互依存的。

1. 以个体学情推进小组合作学习

非线性教学强调学生要在进行小组合作之前经历充分的独立探究，而教师应根据学生的独立学习情况适当调整教学环节，做到真正从学情出发推进教学，也使后一阶段的小组合作探究活动具有较高的参与度与实效性。教师要注重把握以下五个阶段，如图5-7所示。

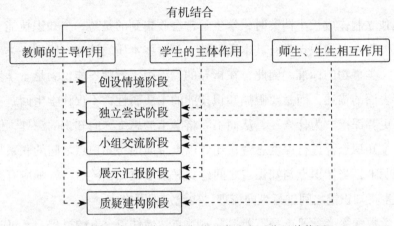

图5-7　在运作机制中各种因素的交互作用结构图

在运作机制的过程中，教师引导学生进行独立思考，再根据学生独立思考所出现的情况，有效设计小组合作的思考问题，真正从学生学情出发开展小组合作学习。正是依靠学生的独立思考，教师才能真正了解学生学习的情况，及时帮助他们开展合作学习，达到真正的交流以及思维创新的效果，从而使学生经历思考、操作、质疑、辨析、验证等一系列有意义的数学活动，有效地促使其在合作学习中真正感悟数学概念的本质。

2. 以知识与思维并行的"板块式"结构推进教学

库尔特·勒温认为，外部刺激是否能够成为激励因素，还要看内部动力的大小，两者的乘积才决定了个人的行为方向。如果个人的内部动力为零，那么外部环境的刺激就不会发生作用；如果个人的内部动力为负数，外部环境的刺激就有可能产生相反的作用。因此，具有控制性的线性课堂缺少的正是真正意义上的对话，因为线性课堂中所出现的对话是教师预先设计好的，主要以师生一问一答的形式出现，一旦出现"脱钩者"，教师便会调整自己的问题，将

"脱钩者"重新拉回自己的线性课堂中。这样的对话实际上是缺乏自由度、缺乏灵动性、缺乏真实性的对话。而非线性课堂突破了线性课堂的藩篱，对话与生成是其主要特征，因为在非线性课堂中所出现的对话，是在生生之间、团队之间开展的，教师在实施非线性教学的过程中着力构建一个基于理解、对话和生成的反思性教学"场"，积极引导生生之间、团队之间开展有效的对话。

【教学片段】

例如，在教学三年级《重叠问题》时，学生经过独立思考、小组交流汇报，教师便积极引导学生在小组之间开展有效对话，在这种对话过程中以知识与思维并行的"板块式"结构推进教学。

小组汇报了以下几种情况：

汇报一（见图5-8）：

图5-8　小组汇报一

汇报二（见表5-5）：

表5-5　小组汇报二

语文	杨明	李芳	刘红	陈东	王爱华	张伟	丁旭	赵军	
数学	王志明	于丽	周晓	陶伟	卢强	朱小东			

汇报三（见图5-9）：

图5-9　小组汇报三

汇报四：8+9-3=14（人）。

汇报五：8-3+9=14（人）。

接着，教师组织学生开展小组之间的有效对话，请每个小组思考以下几个问题：

（1）尽量看懂其他小组的汇报，说说有什么不明白的地方。

（2）想想自己小组的方法有什么优势，其他小组的方法又有什么不好的地方。

小组经过讨论分析后进行了以下的对话：

小组1：小组3的方法，中间的杨明、李芳、刘红为什么用两种图形圈住呢？

小组3：那是因为杨明、李芳、刘红重复了，所以他们三个人既属于圆形的一组又属于三角形的一组。（教师及时介入：也就是这三人重复了）

小组2：请问小组4为什么用8+9-3，为什么要减3？

小组4：因为8个语文的同学加上9个数学的同学，但是有3个人计算了两次，所以要减去3。（教师及时介入：我们一起看看动画的演示）

学生汇报图如图5-10所示。

图5-10 学生汇报图

小组1：我们觉得我们的方法更加形象、清楚，一眼就可以看出有3个人是重复的。（教师及时介入：其实第1小组的方法就是数学家们经常用的方法，用图形来帮助我们理解数量之间的关系，这种图叫作韦恩图）

小组4：我们觉得第1和第2小组的列表法太麻烦了，要写很多名字。我们觉得我们小组的方法优点就是很简单，一个式子就可以了。

小组3：可是你们的方法别人看了不一定能明白啊！

……

师：其实各种方法都有自己的优点和不足之处，像第1小组的方法就很清楚明了，像第4小组的方法就能很快地算出得数，但是相对抽象，比较难理解。我们今后在分析题目的时候，可以用第1小组的方法来分析题目，在理解了题目意思后用第4小组的方法来解决。

从上面的案例中我们可以看出，非线性教学所构建的是一个基于理解、对话和生成的反思性教学"场",在这个"场"里,学生的学习状态是自由的、灵动的、真实的,他们会在团队间开展辩论、分析、反思,让组内每一位成员的思维都活跃起来,在不断分析其他人的方法的同时,也反思自己的方法,使学生内心的学习动力真正被激发出来。同时在方法比较的过程中,逐步感悟出分类思想、数形结合的思想、建模思想等数学思想,实现了以知识与思维并行的"板块式"结构推进教学的目的。

3.动态分析生成资源,在观察、对比、辨析的过程中揭示知识的本质

在实施小学数学非线性教学的过程中,教师应采用有效的教学策略,注重把握学生的真实起点,关注学生的独立学习,积极调整自己的教学流程,使学生能够真正在合作学习的过程中,感受学习的快乐和幸福,有效发展自己的观察能力、推理能力、探究能力、思辨能力,达到"不教而教"的目的。

值得注意的是,在深度学习过程中,"小组合作学习"使以"集中练、分类评"为特征的"非线性"训练等成为可能,让学生获得更多独立思考、表达与质疑、展示与分享等的"非线性"学习机会,引导学生全员参与、全程参与、主动参与、深度参与教学活动;有助于在师生、生生多维互动中增加学生思考的深度、纬度和广度,提高学生课堂学习中的有效思维量;有助于课堂上、学生间的"兵教兵",培养学生的团队意识、竞争意识与竞合能力。[①]

因此,教师应注重指导学生进行小组合作学习的方法,遵循小组合作学习必经的"三阶段"。具体结构如图5-11所示。

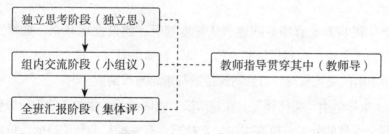

图5-11 小组合作学习流程图

---

① 钱运涛.在传承中审视 在稳妥中求变——小学数学"非线性"小组合作学习模式的实践研究[J].小学数学教育,2013(5).

而在这三个阶段中，教师都应给予适当的学法指导：

（1）指导学生必经"独立思"。教师在设计课外导读教材时，就要注重引导学生独立思考，设计的问题也主要应是针对个人的，而非小组的。在上课时，对于所提问题，教师应留够时间和空间让学生进行独立思考。可指导学生围绕以下问题进行独立思考：

① 自己曾解决过类似的问题吗？

② 这个问题属于哪类问题？

③ 可以用怎样的方法来解决问题？

④ 这个知识与之前的哪些知识有联系？

⑤ 要解决这些问题需要用到哪些知识？

⑥ 阅读完教材，还有哪些不明白的地方？

......

（2）指导学生"有效议"。在小组组内进行充分交流时，教师应给予明确的交流规则，应包含以下几个方面：

① 小组内各成员的分工安排。

② 个体叙述观点时的规则，包括发言的顺序、是否需要记录者、小组内的分工等。

③ 认真倾听他人叙述观点。

④ 及时提出自己的见解。

......

让学生逐步养成有序地陈述、认真地倾听、建设性地补充、批判性地质疑、有节制地争论、有目标地整合的习惯，教师则需进入每个小组进行指导，关注每个小组的交流情况，有针对性地进行指导与帮助。

（3）指导学生"集体评"。在该阶段，教师给予学生的有效指导应包括：汇报时每个成员的分工，应有主讲、有补充、有答疑；上台汇报的每位成员都应该有具体的任务。

对于一开始的训练，教师可给予小组具体的话语系统（见图5-12），帮助他们养成良好的汇报习惯。

图5-12　话语系统流程图

在该话语系统中，第一句的提示主要是针对听者不知道自己的想法而做出的解释，不仅能让听者将注意力全部集中到发言者身上，同时也给予了他们一个开口大胆去说的机会，在很大程度上避免了张口忘词、哑口无言的尴尬场面出现。由于小学生语言的简练性较弱，他们说话常常不完整、啰唆、中心点不突出，而数学知识又具有逻辑性强的特点，因此要求发言者用最精练的语言表述，这就造成了主体（学生）和认识的客体（数学知识）之间的矛盾。解决好这个矛盾，话语系统中的第二句话起到了非常重要的作用，可使发言者提炼出自己发言的主题，将自己思维过程中的核心部分用一句话概况出来，使学生个体表达的意思更加清晰，也能帮助听者更好地领会发言者的中心思想，更便于全班交流。

这样充满师生互动的全班汇报，既能对各小组组内交流情况起到检查、督促与评价的作用，又能让全体学生在全班（组际）交流中分享智慧、相互补充、完善提升。

6

第六章

促进小学生数学深度学习的学法指导

《义务教育数学课程标准（2011年版）》指出："义务教育数学课程应致力于实现义务教育阶段的培养目标，要面向全体学生，适应学生个性发展的需要，使得人人都获得良好的数学教育，不同的人在数学上得到不同的发展。"在"自主、合作、探究"等学习方式的实施过程中，虽然与传统的讲授式课堂教学模式相比，学生的学习兴趣更加浓厚、学习参与度大大增强，然而在现实的常态教学中，由于班额较大，教师往往采用按部就班、程序化、技术化的线性教学模式，导致学生在学习活动中长期停留在对过程和步骤的浅层认识层面。这种仅仅经历了简单的记忆和重复训练的浅层学习，对于促进学生理解知识、建构意义、解决问题等能力的发展有很大的局限性。

在深度学习的教学中，教学不再是固定的、预先设计好的封闭流程，而是一个开放的空间，学生处于这个复杂的、多元的、不可预测的系统中，教学过程不是呈线性的、序列的、积累的特征，而是呈现出越来越有深度、越来越丰富、层层递进且回环往复的特征。[1]教师处理问题的方式不再是原来的按部就班、程序化、技术化的授课方式，而是顺应着学生的思维走向，将他们引向知识的更深处，开展基于高阶思维发展的深度学习，注重批判理解、强调内容整合、促进知识建构、着意迁移运用，使学生的思维容量达到最高峰。

---

[1] 张相学. 非线性教学：教学研究新视阈 [J]. 湖南师范大学教育科学学报，2004（6）：10-12.

本章我们将就深度学习在学习方法上的指导以及策略进行详细的讨论。

一、培养批判思维的学习方法指导策略

批判性思维（critical thinking）就是通过一定的标准评价思维，进而改善思维，是合理的、反思性的思维，既是思维技能，也是思维倾向。学生在知识学习方面普遍存在粗浅、散乱、狭隘和空洞等问题，其实质就在于课堂教学未能充分挖掘和释放出知识对于学生学习与发展的丰富价值、深层意义和整体效应。为了引导学生更深层地触及知识的本质，在教学的过程中，教师要有意识地引导学生通过合理的、反思性的思考，透过知识的表层，达到对知识本质和深层意义的建构与理解，超越知识的固定结论和单一理解，从多个角度、侧面和层次建构知识的丰富内涵，在不同层次上对单个知识进行完整的建构与理解，同时通过知识间的梳理，达到对知识结构的整体把握。

那么，应该如何引导学生深度建构学科知识的本质呢？答案很明确，就是不断地进行反思，引导学生把握小学数学知识本质的学习模式，在学习的过程中通过反思思维，将数学知识本质进行优化和改造，不断完善自身的知识结构、思维模式与经验体系，从而实现真正意义上的发展，就是深入知识本质的反思性学习。

何谓反思？在汉语语境中，一般将反思理解为对自己的过去进行再思考，以总结经验和吸取教训的过程。在教学条件下，人们常常谈论的"反思性教学""反思性学习"都是将"反思"理解为经验的改造和优化。实际上，具有真正哲学意义的反思概念是随着近代哲学的发展而得以确立和清晰的。

西方哲学中的反思概念大致包括以下五层含义：

（1）反思是一种纯粹思维，即反思是一种以思想本身为对象和内容的思考。

（2）反思是一种事后思维，黑格尔哲学认为，"后思———一般来讲，首先包含了哲学的原则……哲学的认识方式只是一种反思，意指跟随在事实后面的反复思考"。[①]

（3）反思是一种本质思维。反思是对自身本质的把握，这是反思的最重要

---

① 黑格尔.小逻辑［M］.北京：商务印书馆，1980：4.

含义。任何反思，都是力求通过现象把握本质，通过个别把握一般，通过有限把握无限。对此，黑格尔说："只有通过以反思作为中介的改变，对象的真实本质才呈现于意识前面。"①

（4）反思是一种批判思维。反思一词含有反省、内省之意，是一种贯穿和体现批判精神的批判性思考。黑格尔说："首先，批判即需要一种普通意义的反思。"②何谓批判？简单地说，就是把思想、结论作为问题予以追究和审讯的思考方式。

（5）反思一种辩证思维。黑格尔认为："辩证的东西……在于对立面的统一中把握对立面，或者说，在否定的东西中把握肯定的东西。"③

从小学深度学习的领域看，学生反思性学习的目的在于把握数学知识本质，进而不断优化和改进自身的知识结构、思维模式与经验体系。反思性学习的方向，是学生对自己已有的思考、思路过程以及思考的结果进行再次思考，是对自己已经获得的知识的前提与根据、逻辑与方法、意义与价值等方面的思考。反思通过反省思维、本质思维、批判思维和辩证思维等不断、反复思考，从而达到理性的认识水平。

1. 指导数学阅读，培养批判思维

数学是一种语言，而语言离不开阅读。著名教育家苏霍姆林斯基曾经这样说："一个不阅读的孩子就是学习上潜在的差生，一个人的智力启蒙、道德养成、素质培养，以及创新能力的发展，都离不开阅读。"数学学习是有线索的，静态的教科书、有限的课堂时空都不应该阻挡学生进行深度思考与探索。非线性教学，就是通过让学生对教材的初步感知，从而在学习过程中出现形形色色、参差不齐的初始理解，并带着"为什么是这样"的疑问走进课堂。

数学教材常常以精简、严谨的文字、符号、图形等方式呈现数学知识，在指导的过程中，教师应引领学生进行教材的导读，通过问题串让学生通过从字到词、从词到句的阅读，将简练的文字符号变为语言信息输入到大脑，通过大

---

① 黑格尔. 小逻辑［M］. 北京：商务印书馆，1980：242.

② 黑格尔. 逻辑学上卷［M］. 北京：商务印书馆，1977：39.

③ 黑格尔. 逻辑学上卷［M］. 北京：商务印书馆，1977：39.

脑进行辨识、翻译、读解，将教材中静态的信息变成动态的信息，从而实现带着问题、带着目标走进课堂的目的。

2. 指导对话式学习方式，提高批判性理解能力

深度学习的课堂教学不是体现为有知识的教师教导无知识的学生，而更多地体现为一群个体在共同探究有关课题的过程中相互影响。[①]通过课堂上的显性对话，让学生充分调动已有的经验，表达自己的观点，而其他听者则以敏锐的、挑剔的眼光针对这个观点进行提问、评价。因此，在教学过程中，教师既要指导学生学会向教材发问，向自己发问，也要注重指导学生学会向同伴发问、向老师发问——"向他人开放；与他人交流；某种包含更新意味的反省；重新与他人交流"。[②]

教师要注意指导学生有效把握发问的时机，充分暴露自己的"奇思妙想"。

（1）在知识的不明处发问：教师应指导学生把握发问的时机，可以在课前阅读教材的过程中或是在课堂听取他人发言的过程中，一旦出现不明处应及时发问。

（2）在知识的连接处发问：教师应指导学生不断地对知识本身进行发问。当学习一个新的知识时，可针对这个知识点提出与其相关的问题，如：

①这个知识与之前学过的哪些知识有关？

②这个知识究竟是什么？为什么？有什么用？

③学过这个知识之后，还会学习哪些相关的知识呢？

……

（3）在知识的关键处发问：每当学完一个知识点后，教师都可指导学生及时提出问题，以达到提醒的作用，如：

①运用这个知识时，我们需要特别注意些什么？

②在计算的过程中，我们需要注意什么？

③要特别提醒自己的是什么？

……

① ［美］小威廉姆·E. 多尔. 后现代课程观［M］. 王红宇，译. 北京：教育科学出版社，2000.
② ［加］大卫·杰弗里·史密斯. 全球化与后现代教育学［M］. 郭洋生，译. 北京：教育科学出版社，2000.

深度学习的课堂是一种观念，更是一个过程，在这个过程中有对话、有批判。[1]因此只有让学生养成质疑的习惯，才能使其逐渐以开放的视野对教材、他人的观点进行评说、批判、超越，到达批判理解的目的，从而改变以往限制在统一的一个"样式"上，打破千篇一律的产品化教育，使学生真正成为一个个鲜活的"个体"（这才是真正意义上的尊重个体差异和个性特点的教学）。

二、培养数学表达能力的学习方法指导

"思维"这个词总能让人觉得神秘，其实思维是普遍存在的，人们可以意识到它，在学生思考数学的过程中，用怎样的方法、有什么依据……这些都是思维，孔子也说"学而不思则罔，思而不学则殆"。同样地，学生学习数学的过程不应该是被动吸收来自教师和课本现成结论的过程，而应该是一个亲自参与的充满丰富、生动的思维活动，经历实践和创新的过程。在这个过程中，思维活动是隐性的，摸不着也看不到，那么如何能使之成为显性的活动呢？这就需要借助语言这一工具撬动数学思维，让学生在充分的交流中表达自己的思维过程，清楚明确自己的思想，分析自己和他人的想法，在亲身体验的探索中认识数学、解决问题，理解和掌握基本的数学知识技能、思想方法，发展数学思维，提高数学素养。

那么在小学阶段应当如何根据学生的心理年龄特征利用语言这一工具，帮助他们很好地进行数学思维训练呢？让我们从不同课型的角度来谈谈如何培养小学生的数学语言表达能力。

1. 借助多种表达方式理清数学概念

概念的形成过程是比较复杂的，也是逐步形成的。对于学生来讲，理解它是有一定困难的。Lesh在布鲁纳表征系统的基础上，又增加了两种表征：口头语言表征和现实情境表征。有学者认为，要获得真正意义上的理解，就要灵活地实现5种表征方式之间的转化。[2]在教学的过程中，教师应有意识地引导学生灵活实现这几种表征之间的转化。不同的表达方式和数学模型都能表达对数学

① 张相学.非线性教学：教学研究的新视阈［J］.湖南师范大学教育科学学报，2004（6）：
   10-12.
② 巩子坤.有理数运算的理解水平及其教与学的策略研究［D］.重庆：西南大学，2006.

概念的理解，而这些表达方式可以是数学符号、图形以及口头语言。但是值得注意的是，在教学中应避免让学生直接用数学语言或数学式来表达数学概念，因为这样会造成学生只会做题却不懂数学的现象（只会做题并不代表有数学能力）。

例如，在教学二年级上册"乘法的初步认识"一课时，教师应通过让学生说一说（几个几）、写一写（加法算式或乘法算式）、画一画等活动，实现语言表征、符号表征、图形表征之间的相互转化，使学生真正理解乘法的意义。

【教学片段】

师：观察下面的图形和算式，说说它们有什么共同的地方。

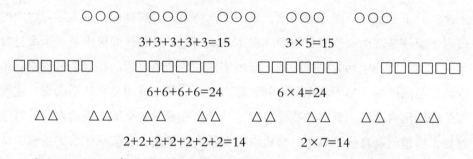

生1：这些图形都是分好了一份一份的。

生2：都是求一共有几个这样的图形。

生3：都是几个几相加。

生4：同一条算式里的加数都是相同的。

生5：都是用加法计算的。

生6：它们都可以用乘法来表示。

生7：乘法算式中的一个乘数总是相同的那个加数，另一个乘数总是相同的加数的个数。

……

在观察的过程中，学生经历了用图形表达方式、数字表达方式、语言表达方式等不同的表达方式来表明对数学概念的理解过程，用概括的语言表征数学概念，将自己对概念的理解以外显的方式表达出来，初步建立"份"的概念，感受乘法与加法之间的密切联系，使在大脑中看不见、摸不着、内隐的思维活动变成听得见、摸得着的外显的认识活动，并使之成为师生之间、生生之间一种生动活泼的学习交流活动，从而帮助学生真正理解乘法的意义。

2. 借助多维度操作方式感悟算理本质

布鲁纳认为，儿童智力发展的形式实际上就是三种不同发展水平的认知结构，即动作的、印象的和符号的认知结构。因此在低年级教材中，每道例题的设计都体现了学生所要经历的基本思维过程：实物操作—表象操作—符号操作。在教学过程中，教师可让学生通过直观的操作，将思维过程展现出来，并在操作的基础上进行表象操作过程——在头脑中重现分一分、摆一摆的过程，并用数学语言表征出来，使其思维过程从具体形象思维向抽象思维过渡。

例如，在教学一年级下册《整十数加、减整十数》一课时，教材提供了3种不同的直观模型（成包的书、整捆的小棒和计数器），帮助学生从具体到抽象，形成计数单位"十"的丰富表象。在教学过程中，教师应努力让学生在动手操作阶段，一方面运用小棒和计数器，另一方面运用数学语言表征，探索以"十"为单位，进行相加、减的计算方法。

在实物操作阶段，如摆小棒时可让学生边操作边描述自己动手摆的过程，如先摆1捆小棒，再摆2捆小棒，就有3捆小棒，就是30根小棒。又如，拨计数器时可描述拨珠的过程，先在十位上拨1颗珠子，再拨2颗珠子，十位上就有3颗珠子，就是有3个10。在利用计数器理解算理时还应及时引导学生思考：为什么拨10的时候只拨1颗珠子就可以了？从而帮助学生形成计数单位"十"的丰富表象，便于学生以"十"为单位，探索整十数相加减的计算方法。

在表象操作阶段，则可引导学生用较完整的语言将算的过程表达清楚，做到"理清法明"。特别是在算法多样的情况下，更应该鼓励学生将计算的过程表达清晰，不仅使其明晰算理，同时为进一步学习对比算法奠定基础。

【教学片段】

例如，一年级下册P65例题2：

24+9=33

语言表达：先将9分成6和3，将6加24等于30，30加3等于33。

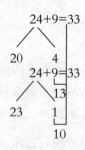

语言表达：先将24分成20和4，将9加4等于13，20加13等于33。

语言表达：先将24分成23和1，将9加1等于10，23加10等于33。

很明显，通过学生的描述与式子的表示，在接下来的教学中，师生很容易进行对比，从而发现，第一、第三种方法运用了凑十法，第二种方法则将两位数拆分成了整十数与一位数。

在符号操作阶段，教师则应帮助学生从"单一性概念结构"到"多单位概念结构"过渡。前者通过计数来完成运算，而后者则表现为竖式计算，用到多个不同的单位。在上面"整十数加、减整十数"的例子中，虽然一年级学生在100以内数的加法和减法口算中还未接触竖式计算，但也不再是通过计数来完成运算的；虽然只用到两个计数单位"个、十"，但也确实显示出"多单位概念结构"的特征。因此在教学过程中，教师应让学生通过语言表征，实现从"单一性概念结构"到"多单位概念结构"的过渡，如：

1+2=3　　　　　　语言表达1：因为1加2等于3，所以1个10加2个10等于3个10。

10+20=30　　　　语言表达2：计算10+20时，可以算十位上的1加2等于3，个位是0，所以是30。

……

在低年级计算教学的过程中，教师应有意识地帮助学生经历"实物操作—表象操作—符号操作"的思维过程，并在每个阶段引导学生充分利用语言表征、描述思维过程，将隐性的思维显性化，从而明晰算理，感悟计算的本质。

3. 借助多角度联想发散数学思维

低年级解决问题的教学，由于数量关系相对比较简单，数据也比较小，教学的重点除了要让学生体验解决问题的一般过程外，更应该包括解决问题策略的教学。为了使学生理解并掌握解决问题的不同策略，教师可让学生根据数量间的关系，通过想象、判断、推理分析出解题的思维过程。从低年级开始便让其在解题过程中根据已知条件进行想象、判断、推理是非常必要的（不能准确而快速地解答问题，归根结底就是没有第一时间根据已知条件展开必要的联想、判断和推理）。

如出示以下题目：

请根据下面的条件说说你能知道什么？由此又能想到什么？

小光擦了12张桌子，文文擦了9张桌子，把这些桌子平均排成3行，每行能摆多少张？

分析说理：

（1）通过"小光擦了12张桌子，文文擦了9张桌子"这两个条件，我们可以知道小光和文文一共擦了多少张桌子——12+9=21（张），还可以知道小光擦的桌子比文文擦的多多少张——12-9=3（张）。

（2）通过"小光擦了12张桌子，把这些桌子平均排成3行"这两个条件，我们可以把小光擦的桌子先平均排成3行，求每行是多少张——12÷3=4（张）。

（3）通过"文文擦了9张桌子，把这些桌子平均排成3行"这两个条件，我们可以把文文擦的桌子先平均排成3行，求每行是多少张——9÷3=3（张）。

（4）我们知道了小光和文文一共擦了21张桌子，又知道了把这些桌子平均排成3行，就可以求出平均每行有多少张桌子——21÷3=7（张）。

（5）我们知道了小光擦的桌子比文文擦的多3张，又知道了要把这些桌子平均排成3行，就可以求出小光擦的桌子比文文擦的每行多几张——3÷3=1（张）

（6）我们知道了小光擦的桌子每行摆4张，文文擦的桌子每行摆3张，可以求文文擦的桌子比小光擦的每行少几张——4-3=1（张）

（7）我们知道了小光擦的桌子每行摆4张，文文擦的桌子每行摆3张，可以求小光和文文擦的桌子每行一共有多少张——4+3=7（张）

（8）问题是"把这些桌子平均排成3行，每行能摆多少张？"，就是需要知道一共有多少张桌子和平均排成几行，用一共有多少张桌子÷平均排成几行=平均每行摆多少张。

所以方法有两种：

①（12+9）÷3=7（张）。

②12÷3+9÷3=7（张）。

从上面的说理中我们可以发现，虽然是低年级中解决问题的教学，但在教学过程中，思维含量一点也不比高年级少。教师在引导学生分析题目的时候，既可以从问题入手进行分析，也可以从条件入手进行分析；在分析说理的过程中，要让学生学会将与解题无关的判断及联想的内容舍掉，找出解答问题的思路和关联的数据，并且使其逐步养成会根据题目条件进行判断、联想、推理的习惯，从而发展数学思维。

4. 探索知识间的联系，构建知识网络

在低年级的学习过程中，每一个知识点都是零散的、不系统的，有些知识点甚至是有缺失的，而学生对每一个知识点的内涵感悟也是不够深刻的。因此在整理和复习时，每一个知识点往往都是单独出现的。那么，应该如何有效地帮助学生将这些知识点建立联系呢？

教师在教学的过程中，应有意识地引导学生通过画思维导图的方式，利用语言表征描述每一个知识点的位置，让学生将知识点进行纵向梳理。这不仅有利于学生对每一个知识点、每一条知识链再次进行理解与记忆，而且有利于知识的提取与应用，从而帮助学生形成良好的认知结构。

在低年级概念的建立、运算技能的训练、解决问题能力的培养以及整理复习的教学过程中，通过有效的说理训练，将内隐的思维活动外显，将概念与概念之间的联系进行思维加工，说明选择算法的依据，可以使学生经历实际问题与运算意义进行联系的过程，达到思维训练的目的，最终提高学生的数学思维能力。

三、深度学习课堂中开展小组交流的学习方法指导

在深度学习课堂中，通过小组合作学习让学生获得更多独立思考、表达与质疑、展示与分享等的深度学习机会，从而实现让学生深度参与教学活动，有助于在师生、生生多维互动中增加学生思考的深度、纬度和广度，提高学生课堂学习中的有效思维量。[①]

在有效的小组合作学习必经的"三阶段"中，教师的指导应贯穿始终。小

---

① 钱运涛. 在传承中审视　在稳妥中求变——小学数学"非线性"小组合作学习模式的实践研究 [J]. 小学数学教育，2013（5）.

组合作学习流程如图6-1所示。

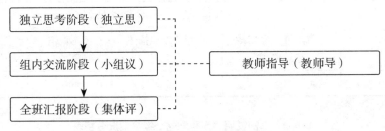

图6-1 小组合作学习流程图

其中独立思、小组议是为了更好地集体评，也只有真正经历了独立思、小组议，才能真正激发思维、产生碰撞、擦出智慧的火花，从而产生形形色色、参差不齐的深度思考，伴随着有序的陈述、认真的倾听、建设性的补充、批判性的质疑、有节制的争论、有目标的整合，师生可以共同携手走向知识的深处。因此在集体议这个阶段，教师应注重指导学生通过有序的分工，合理安排主讲、补充、答疑等，打破以往程序化、技术化的授课方式，充分地展示小组的思维过程。

四、深度学习课堂中开展反思性学习的方法指导

1. 在概念教学中开展反思性学习指导

教师应对概念教学的策略进行思考与分析，构建反思性学习的基本模式，并以此为突破口，寻求、总结出关于小学数学概念教学的有效教学策略，以用于今后的概念教学。

以某校五年级某班级为例。

对学生的学情分析。这个班级属于平衡班，整体水平比较均衡，基础知识较扎实，但是知觉的有意识性、目的性水平有限。虽然意义识记逐渐发展，但机械记忆仍是主要的；无意注意占优势，注意力不稳定，容易分心；注意的范围小，注意力的分配和转移能力较弱；注意力有强烈的兴趣性、直观性和感情色彩；不善于调节和控制自己的注意力；有个别学生意志力薄弱，自制力差，情感的实践性和坚持性较差，依赖成人监督。基于以上分析，我对他们之前学习过的有关数学概念的情况进行了一次简单考察，以下便是本次调查的具体数据（见表6-1～表6-6）。（注：本次接受调查的有40名学生）

表6-1 描述"面积"这个概念情况分析表

项目	请描述"面积"这个概念			
	非常严谨、完整地描述概念	能较清晰地描述出大意	基本说清概念	无法描述
百分比／%	10%	30%	40%	20%

表6-2 举例说明"面积"这个概念情况分析表

项目	请通过举例说明"面积"这个概念			
	非常严谨、完整地描述概念	能较清晰地描述出大意	基本说清概念	无法描述
百分比／%	40%	30%	20%	10%

表6-3 描述"小数的性质"情况分析表

项目	请描述"小数的性质"			
	非常严谨、完整地描述概念	能较清晰地描述出大意	基本说清概念	无法描述
百分比／%	30%	20%	25%	25%

表6-4 举例说明"小数的性质"情况分析表

项目	请通过举例说明"小数的性质"			
	非常严谨、完整地描述概念	能较清晰地描述出大意	基本说清概念	无法描述
百分比／%	40%	20%	30%	10%

表6-5 描述"三角形"概念情况分析表

项目	请描述什么叫"三角形"			
	非常严谨、完整地描述概念	能较清晰地描述出大意	基本说清概念	无法描述
百分比／%	15%	20%	30%	35%

表6-6 举例说明"三角形"情况分析表

项目	请通过举例说明什么叫"三角形"			
	非常严谨、完整地描述概念	能较清晰地描述出大意	基本说清概念	无法描述
百分比／%	30%	25%	20%	25%

针对学生对已学概念的理解情况进行分析，可以发现这一阶段小学生受年龄、智力发展水平影响，他们的认识水平基本上停留在感性认识阶段，加上是在学完概念后经过了一段时间才进行调查的，因此出现只有约10%～30%的人记得概念的情况；引导他们通过举出例子再进行叙述时，情况相对会好一些，但是也只有30%～40%的人能叙述得比较完整。这些均说明他们的思维运算离不开具体事物的支持，只能对当时情境中具体实物的性质和各事物的关系进行思考，思维对象限于现实所提供的范围。在记忆方面，由于心理机制上没有形成与意义识记相适应的认知结构，为了应付考试而被迫采用死记硬背的方法识记概念，记忆方法仍处于由机械识记向意义识记过渡的阶段。

此外，虽然小学生的生活语言比较丰富，但他们的数学语言相对而言就不是很丰富了。从数据中可以看到，能基本描述但语言不够准确的所占百分比在30%～40%，说明他们思维的随意性和片面性比较明显，因此造成语言表达的不准确、不科学，而这也直接影响了其对概念的理解和掌握。

第一个研究循环

【研究内容】

以《用字母表示数量关系》一课的教学内容为载体，通过课堂教学的具体实施与课后分析，进一步优化小学数学教学中概念课的教学模式，从心理学的角度分析小学生的概念形成过程及其特点，找出影响概念学习的因素，并研究出相对应的教学策略。

【研究目标】

（1）采用初步拟定的课堂教学模式进行教学，通过具体的教学实践对该模式进行辩证修正。

（2）通过课堂教学，分析小学生概念形成的特点，找出相关的影响因素。

（3）对教学策略的有效性进行辩证分析。

【教学过程】

教学过程概览见表6-7。

表6-7　教学过程概览

教学过程	设计意图及效果
（一）情境导入，引发知识冲突 1.猜年龄——用字母表示数量 （1）出示情境： 咱们来玩一个游戏，有谁愿意猜猜孙老师多少岁？ （2）个别猜测。 （3）思考：刚才这么多同学都猜了我的年龄，到底谁猜对了呢？这样吧！我给大家提供一条重要信息，不过需要知道一位同学的年龄。谁来说说自己的年龄？ （4）教师根据个别学生说出的年龄进行板书，并出示信息： 我比＿＿＿＿大＿＿＿＿岁 | ＿＿＿＿的年龄/岁	老师的年龄/岁
	| 你们谁知道孙老师今年多少岁？ （5）个别汇报，教师根据汇报进行板书。 2.制造认知冲突 （1）下面你们帮老师算一算，当＿＿＿＿11岁、12岁、13岁的时候，老师又是多少岁呢？ （2）独立完成表格。 （3）个别汇报，并说说从这个表格中发现了什么。（老师的年龄与××同学的年龄差是固定的，××同学每增加一岁，老师的年龄也增加一岁） （4）下面孙老师还想知道当××同学14岁、15岁、16岁一直到30岁的时候，我又各是多少岁呢？下面请大家继续完成表格。 （5）在完成的过程中你有什么感觉？（太麻烦了，这里的每个式子都只能表示孙老师某一年的年龄）能不能用简单的办法来解决这个问题？ 学生想到：用符号、字母等	在学习中，教师为学生提供了具有代表性的典型事例，先让学生通过从具体情境中感受数量关系和变化规律，让他们写出老师的年龄，从而体会到这样一个一个写太麻烦，因而产生了寻求一个方便的途径的诉求，就是用字母来表示同学与老师的年龄关系，制造认知冲突，产生学习用字母表示数量关系的需求。 这样的教学有效地避免了学生对概念形式的死记硬背，自然搭建起让学生从研究一个个特定的数到用字母表示一般的数的桥梁，是学生认识上的一个飞跃，在实际的问题中让学生感受到字母表示数的意义

教学过程	设计意图及效果
（二）自主探究，形成概念网络 1.解决冲突，引出新知 （1）思考：怎样才能用一个式子简明地表示出任何一年孙老师的年龄呢？ （2）独立思考尝试。 （3）小组交流，个别汇报。教师根据学生的汇报进行板书，学生想到： ××的年龄+18岁=孙老师的年龄 $a+18$　　$b=a+18$（说明不需要再写"$b=$"了；$a+18$已经是一个完整的式子了，并且是一个含有字母的式子）	在这个环节中，教师让学生进行充分的自主活动，使他们有机会经历概念产生的过程，了解该概念产生的条件，以"怎样才能用一个式子简明地表示出任何一年孙老师的年龄呢"建立一个刺激模式，使学生进行深入的观察，展开积极的思维活动。通过观察，学生比较容易得出可用"$a+18$"来表示老师的年龄，但由于学生是初步接触用字母来表示数的方式，在理解上会出现困难，因此教师引导学生展开了质疑与讨论。学生通过交流后发现：同学的年龄在变化，老师的年龄则随着a的变化而变化，但有一点是不变的，那就是同学与老师的年龄差不变。在这个过程中，学生对各个刺激模式中的共同属性进行抽象，并从共同特征中抽象出数学本质，然后及时对概念的本质特征进行抽象概括，从而更加准确、迅速地掌握概念

表格：

×× 的年龄/岁	孙老师的年龄/岁
10	10+18=28
11	11+18=29
12	12+18=30
13	13+18=31
…	…
a	$a+18$

（4）质疑：对于这两个式子你有什么疑问？（a表示什么）（××同学的年龄）

（5）小结：a可以是10、11、12、13（板书：……），说明a是个变化着的数，而老师的年龄b随着a的变化而变化。但是有一个数不变，就是"18"。老师与××同学的年龄差（关系）不变。

（5）观察比较：比较这两种式子，说说你更喜欢哪种方式？为什么？（用含有字母的式子表示数量关系更加简单明了。）

（6）揭示课题：同学们，今天我们就来学习用含有字母的式子表示数量的知识。（板书：用含有字母的式子表示数量）

2.体会字母的取值范围

（1）刚才大家都用了含有字母的式子来表示孙老师的年龄，咱们来试一试求孙老师的年龄。当××同学是6岁刚读小学的时候，就是$a=$多少？孙老师的年龄是多少？

（2）那么在含有字母的式子中，我们可以这样写，板书示范：

教学过程	设计意图及效果
先写当a=6时，再写含有字母的式子a+18，代入数值=6+18，计算结果=24，书写单位"岁"。 师生总结：就是把字母表示的数值代入式子中进行计算。 （3）试算：当××同学18岁的时候，孙老师多少岁？用上面的格式进行计算。 （4）个别演示。 （5）思考：a可以是哪些数？能是200吗？为什么？（a不能是200，因为人的寿命没有那么长） （6）教师出示资料：经过证实，已知最长寿的人是法国人路易斯·卡门，他于1875年2月21日出生，1997年8月4日去世，享年122岁零164天。 3. 教学例题 （1）出示条件：同学们，你们知道吗？在月球上，人所能举起的物体的质量是地面上的6倍。 （2）思考：谁知道为什么人到了月球上，能举起的物体质量是地面上的6倍？（因为月球的地心引力比地球的小） （3）那么你能填写下面的表格吗？先说说表格左边表示什么，右边表示什么。	就思维过程而言，由具体的数组成的式子过渡到含字母的式子是从个别上升到一般的抽象化过程，而把具体的数代入含字母的式子求它的值，则与上述过程相反，是从一般到个别的具体化过程。因此求含字母式子的值，可以帮助学生更好地理解用字母表示数的意义。 教师通过让学生回忆"对比上一节课，你觉得我们这节课学的有什么不同"，使学生将新概念纳入已有的概念系统中，让新概念与认知结构中已有的固着点作用的相关概念建立起实质的和非人为的联系，使概念的记忆效果提高，有利于概念的检索，可以使学生用已掌握的概念去吸收和理解新的知识。在这一过程中，教师把数学的概念从原来被发现、证实的形式化数学转化成学生容易接受的形式，较好地运用了数学概念的初等化艺术，使学生更容易理解、发现，产生联想、激活思维，为他们提供了一条清晰的通向数学理解、创新的思维通道

在地球上能举起物体的质量千克	在月球上能举起物体的质量千克
1	6×1=6
2	6×2=12
3	6×3=18
…	…

（4）为什么要都乘以6呢？

4. 独立完成三个问题（先说说题目中都要求我们做些什么）

（1）写一写：用含有字母的式子表示人在月球上能举起的物体的质量。（可能有6x、6a、6b等）

（2）想一想：式子中的字母可以表示哪些数？

（只要是地球上能举起的重量就都可以表示；世界举重冠军也只能举起200千克，即人能举起的重量是有限的，所以x表示的数也是有限的）

（3）算一算：图中小朋友在月球上能举起物体的质量是多少？（独立在练习本上完成，个别板演、集体订正）

续 表

教学过程	设计意图及效果
5. 总结归纳，形成知识网络 （1）同学们，"$a+18$""$6b$"这些含有字母的式子，我们以前见过类似的吗？[学生有可能想到（　）+8、○-16等] 其实以前我们也接触过这类知识，只不过我们以前学的是符号，今天是用字母表示。 （2）对比上一节课，你觉得我们这节课学的有什么不同？ （上节课学的是用字母表示数量、公式，今天学的是用含有字母的式子表示数量关系，最大的不同是以前学的只是用字母表示，今天是用有字母的式子来表示）	
（三）解释应用，强化理解概念 （1）书本P48"做一做"，自己审题，想想题目要求我们做些什么，然后在堂上练习本上完成。 ①写一写：用含有字母的式子表示出成年男子的标准体重。 ②想一想：式子中的字母可以表示哪些数？ ③算一算：请两位同学说出自己爸爸的身高，全班一起算他们两个爸爸的标准体重应是多少，再进行对比。 ④想一想：为什么两个爸爸的标准体重不同呢？（因为两个爸爸的身高不同，所以他们的标准体重也就不同） （2）书本P49-4。 ①个别说图意。 ②独立写出字母关系式。 ③集体订正。 （3）拓展题。 下面是我们学校师生准备秋游的乘车情况： ①共乘坐了x辆车。 ②每辆车坐了a个女生。 ③每辆车坐了28个男生。 ④每辆车上坐了3个老师。 请你选择其中的两条或几条信息，列出含有字母的式子，并说出它表示的意义。 （四）拓展提高，反思学习过程 你觉得这节课你学会了什么？有什么收获？你觉得自己在哪方面表现得特别突出？下节课还需要改进哪些地方	在练习的部分，教师运用过程性变式策略，有意识地引导学生通过具体的算式抽象出用字母表示的数量关系，使学生体会由个别到一般的认识需要，初步感知抽象的作用，并感受函数思想，这样就使学生再次经历一个有层次的数学活动过程，通过有层次的推进，使学生从中积累概念认知经验，逐步达到对概念本质的理解，并加深记忆。 同时这样的练习设计还体现了层层递进、突出重点的特点，处理得相当细腻：有配合例题的巩固概念理解的练习，也有为后续教学铺垫的专项练习。在具体的教学中积累这样的体验和认识，对于提高学生的学习兴趣和理解所学知识都有帮助。而对字母的取值范围的讨论则进一步渗透了函数思想，让学生体会极限思想，为学生后续学习数学奠定良好的知识基础与学习经验

教学过程	设计意图及效果
最后，孙老师将爱因斯坦的成功秘诀赠送给大家，这是一个含有字母的公式。请看： $$A=X+Y+Z$$ 其中A代表成功，你们猜猜X、Y、Z分别代表什么？（X代表艰苦，Y代表正确的方法，Z代表少说空话多做实事）	通过有层次的反思，让学生充分体会到学习的成功感，逐步形成稳定的学习数学的兴趣和学好数学、会用数学的信心

（1）提供足够的事例数量，加深学生对概念的感知。对于"用含有字母的式子表示数量关系"这个内容的教学，由于以往教师为学生提供的具体事例较少，只是让学生写出当小黄10岁、11岁、12岁、13岁的时候老师的年龄，就马上引导学生用字母式表示，结果造成了学生对概念的感知不充分，对掌握该概念所必需的经验不能建立起来，因此学生仅仅是理解了"$a+18$"，但是对于用含有字母的式子表示数量关系仍无法全面鉴别，在实际运用时仍会出现困难，从而直接影响后面列方程解决问题的内容学习。在这次的教学中，教师重点突出了让学生不断地写出小黄10岁、11岁、12岁、13岁……时老师的年龄，让他们体会到了这样写非常麻烦，从而产生了必须要找一个更为简便的表示方法的需求，使学生有机会经历用含有字母的式子表示数量的情况产生的过程，包括其条件、规律，进而再对这些事例进行分化和比较，让学生及时对其共同属性进行抽象。从共同特征中抽象出的本质属性：①含有字母，其字母所表示的数据是在变化当中的；②这是一个式子，可用一个式子表示数量之间的关系。对于前者，以往的教学中常常忽略的便是引导学生体会字母表示的范围以及变化情况，因此，教师有意识地让学生通过具体的例子观察、讨论，体会到字母所表示的范围与变化情况。对于后者也是在以往的教学中常常忽略的，从而导致学生经常无法准确写出一个式子。因此，教师安排了回忆"对比上一节课，你觉得我们这节课学的有什么不同"这一环节，将新概念纳入已有的概念系统中，让新概念与认知结构中已有的固着点作用的相关概念建立起实质的和非人为的联系，提高对概念的记忆效果，有利于概念的检索，使学生能用已掌握的概念去吸收和理解新的知识，从而有效突破难点。

（2）利用过程性变式策略，通过反思在辨析中理清概念本质。概念学习是一个有层次的数学活动过程，这种层次性可以表现为一系列的认知台阶，也可以表现为某种活动策略或经验。在这次的教学过程中，教师运用了过程性变式策略，让学生在概念学习的过程中，通过有层次的推进，将积累概念的认知经验逐步推进到对概念本质的理解上。

铺垫一：通过我比小黄大18岁，分别写出小黄10岁、11岁、12岁、13岁……时老师的年龄。

在这个阶段，学生通过一个一个地写出老师的年龄，注意到老师与小黄年龄之间的关系，对概念中的"关系"加深了印象。

铺垫二：观察数据找出规律，进而用字母表示变化的数量。

在这个阶段，学生通过观察发现规律，利用上一节课中用字母表示数量的学习经验，比较容易写出"$a+18$"的式子，进而对字母所表示的量是变化的这一本质属性有了较深的理解。

铺垫三：讨论a的取值范围。

进一步深刻理解与感受"变量"的意义，为后面的学习打下坚实的基础。

通过上述步骤，学生从直观事例中体会"用含有字母的式子表示数量关系"（①含有字母，其字母所表示的数据是在变化当中，并且有取值范围的；②这是一个式子，可用一个式子表示数量之间的关系），使学生理解概念结构，从"过程"上升到"对象"，这样就可以使学生形成一个比较完整的概念。

（3）为学生建立刺激模式，促使概念有效形成。在教学的过程中，教师呈现出老师与小黄的年龄，引导学生观察思考，并不断刺激学生的思维，使学生强烈地感受到"这样一直写下去实在太麻烦了"，进而激发学生必须找到一种非常方便、简单的方式的愿望。这样的刺激模式有利于学生进行深入观察，展开积极的思维活动，从而培养学生从平常的现象中发现不平常的性质，从貌似无关的事物中发现共性的能力。

第二个研究循环

【研究内容】

以《体积和体积概念》一课的教学内容为载体，继续通过课堂教学的具体实施与课后分析，进一步优化小学数学教学中概念课的教学模式，进一步从心理学的角度分析小学生的概念形成过程及其特点。针对上一次的研究反思，进一步探索有关概念教学的有效策略。

【研究目标】

（1）采用初步拟定的课堂教学模式进行教学，通过具体的教学实践对该模式进行辩证修正。

（2）通过课堂教学，分析小学生概念形成的特点，找出相关的影响因素。

（3）对教学策略的有效性进行辩证分析。

【教学过程】

教学过程概览见表6-8。

表6-8　教学过程概览

教学过程	设计意图及效果
（一）情境导入，引发知识冲突 （1）出示《乌鸦喝水》的动画，交流思考：水面为什么上升了？（学生可能会想到石头将水挤上来了） （2）教师演示实验： ① 猜一猜：取2个同样大小的玻璃杯，先往一个杯子里倒满水，取一块石头放入另一个杯子，将第一个杯子中的水倒入第二个杯子后会发生什么情况？ ② 观察并思考：为什么第二个杯子装不下这些水？（因为石头占有一定的空间。板书：空间）	体积对学生来说是一个新概念，为此，在教学的过程中，教师先通过学生熟悉的《乌鸦喝水》的故事，以形象、生动的方式让学生初步感知物体占有空间。然后通过把石头放入有水的玻璃杯里的实验，让学生进一步体会物体确实占有空间的现象，为引出体积概念做充分的感知准备，并为后面学习容积，计算不规则物体的体积，埋下伏笔，为学生建立体积概念时想到可以用排水法求不规则物体的体积做铺垫
（二）自主探究，形成概念网络 1. 理解体积的概念 （1）强化对"空间"一词的理解。教师举出身边的例子。 （2）观察：电视机、影碟机和手机，哪个所占的空间大？（说明不同的物体所占空间的大小不同。板书：大小） （3）师介绍：看来物体所占的空间有大有小，物体所占空间的大小叫作物体的体积。今天我们就来学习体积。（板书：体积） （4）齐读体积的概念。你觉得哪些词最重要？（空间、大小） （5）思考：上面三个物体，哪个体积最大？为什么？（因为所占空间大，所以体积就大）哪个体积最小？	接着，教师为学生提供三幅图片，分别是学生较为熟悉的电视机、影碟机和手机，并思考哪个所占的空间大，使学生在熟悉的事物的基础上对"空间"一词进行内化，即过程的操作从依赖具体情境上升到纯粹心理上的操作，再进一步理解空间的大小的意义，突出体积概念中的关键本质，即"物体所占空间的大小"。再引导学生思考上面三个物体，哪个体积最大、哪个最小。将对象进行实体化，在压缩概念的基础上，使概念达到结构化、整体化，完全摆脱过程的束缚和限制，成为把握概念本质的实体对象

续 表

教学过程	设计意图及效果
2.理解体积单位 （1）将面积单位迁移到体积单位上。 ① 这两个长方体哪个体积大？哪个体积小？ ② 小组交流后个别汇报（将小正方体装到盒子里，看哪个盒子装的小正方体多，哪个的体积就大）。思考：大家猜猜他是受什么启发想到这个办法的？ ③ 大家是否还记得我们是怎样认识面积单位的？（电脑演示面积单位学习过程） 比较下面两个长方形的面积。  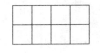 （注：边长为1厘米） ④ 学习面积单位时，我们利用小正方形作为测量标准，那现在要测量长方体，我们该用什么作为测量标准呢？（板书：正方体） （2）认识体积单位——立方厘米。 ① 小组讨论：要测量这两个长方体的体积，你觉得小正方体的棱长是多少比较合适？ ② 个别汇报，教师相应进行板书： 　　　棱长为1厘米　　　　体积为1立方厘米 ③ 观察：测量1立方厘米的小正方体棱长，观察1立方厘米小正方体后在头脑中想象，并找出体积接近1立方厘米的实物。 （3）认识体积单位——立方分米。 ① 教师出示一个较大盒子。思考：如何测量？ ② 小组讨论后个别汇报：用1立方分米的正方体进行测量	在这部分的教学中，教师是利用概念同化的方式引导学生获得概念的。在课堂教学中，教师通过比较两个不容易看出大小的长方体的体积，让学生回忆由比较物体的长度有统一的长度单位，比较物体的面积有统一的面积单位，想到比较物体的体积也应有统一的体积单位，由此引出体积单位。这一过程便是通过实例使抽象概念获得具体例证支持的过程，使学生对体积单位这个概念进一步深化，搞清概念的各个方面，认清概念的各种特征，如立方厘米即棱长是1厘米的正方体，其体积是1立方厘米，并及时引导学生将新概念与已有认知结构中的有关概念建立联系，把新概念纳入已有的概念体系中，从而同化新概念

续 表

教学过程	设计意图及效果
③ 用自己的话说说棱长为多少的正方体,体积就是1立方分米?教师进行板书: 　　　　棱长为1分米　　　　1立方分米 ④ 在自己的学具中找出体积是1立方分米的进行观察,并在头脑中想象。再找出体积接近1立方分米的实物。 ⑤ 测量:利用1立方分米测量该盒子。边测量边思考:这个盒子的长放了几个1立方分米?宽放了几个?就是一层几个?可以放几层?(就是高放了2个) ⑥ 我们说这个盒子里面的体积是12立方分米,那么如果连这个盒子的厚度也算上,大家想想这个体积是会比12立方分米要大还是小? (4)认识体积单位——立方米。 ① 现在老师要测量的是我们这间课室的空间,你觉得用哪个体积单位比较合适? ② 用自己的话说说1立方米就是怎样的正方体。 　　　　棱长为1米　　1立方米 ③ 在头脑中想象1立方米有多大,教师出示米尺测量。 ④ 游戏:看看1立方米可以装下我们班多少男生。要装下这些男同学至少需要几立方米? (5)看书质疑,补充板书。 (6)闭着眼睛重新回忆1立方厘米、1立方分米、1立方米的表象。	正是在教学中教师较好地引导学生依赖自身认知结构中的原有概念,通过新旧概念的相互作用,才实现了本次有意义的学习。这种相互作用的结果,就是新旧概念的同化,使学生形成分化程度更高的认知结构。
3.解释应用,强化理解概念。 (1)完成书本P44第2题。 (2)长度单位、面积单位、体积单位的区别。 讨论:说一说1厘米、1平方厘米、1立方厘米分别是用来计量什么的单位。它们有什么不同? 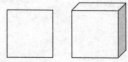 (长度单位是用来计量线段长短的单位,面积单位是用来计量面的大小的单位,体积单位是用来计量物体所占空间大小的单位)	在这部分的教学中,教师确认学生已经掌握了体积单位的关键属性,概念形成以后,采取了类比的策略,使学生认知结构中的新旧概念进行分化,通过对比、分析,避免了学生对新旧概念混淆、新概念被旧概念所湮没的情况出现

教学过程	设计意图及效果
（3）请用手势来表示厘米、平方厘米、立方厘米。 （4）课后延伸：动画显示由点到线、由线到面，由面到体的过程。 4.拓展提高，反思学习过程 在今天的学习中，你学会了什么？有什么收获？ 你认为自己今天的表现如何？有什么让自己满意的地方	

　　（1）学生经历反思辨析的全过程，有效达到全面正确理解概念的目的。在教学的过程中，学生从媒体和实验信号中获得教师所传递的理解信息，然后通过自己头脑中的接收系统对这些信息进行加工处理，进行各种形式、各种水平的变化。例如，理解体积概念中的"物体""空间""大小"，然后把这个概念的本质属性在自己头脑中重新建构，从而达到对该概念的理解。又如，在理解"体积单位"的过程中，学生利用自己已有的认知结构对概念进行迁移，重新构建概念。正是学生经历了概念形成的全过程，才有效地达到了全面正确理解概念的目的。在此过程中，学生一直处于十分主动的状态，积极进行一系列复杂的心理、生理水平的变换，拥有能动的反应活动，从而实现了对数学概念的理解。

　　（2）引导学生辩证反思逐步完善知识网络，形成概念网络。在教学体积单位的环节中，教师先让学生回忆学习面积单位时的情景，让他们利用已有的知识经验，迁移出体积单位。当学生通过想一想、摸一摸、找一找的环节进一步深化对体积单位的认识，建立起1立方厘米、1立方分米、1立方米的大小概念时，紧接着便引导他们将刚学到的体积单位与长度单位、面积单位进行对比，通过播放动画显示由点到线、由线到面、由面到体的过程。这样一方面让学生将所学的概念纳入已有的认知结构中，形成概念系统，让学生明显感受到由点到线、由线到面、再由面到体的变化过程，从而深化概念的理解，使概念掌握得更牢固；另一方面则使学生将新学概念与旧概念进行分化，区分其本质特征，较好地促进学生形成概念网络，从而形成较高水平的认知结构。

第三个研究循环

【研究内容】

以《众数》一课的教学内容为载体，继续通过课堂教学的具体实施与课后分析，对之前研究的小学数学教学中概念课的教学模式做进一步论证，根据小学生概念形成的过程及其特点，针对上一次的研究反思，确定小学概念教学的有效教学策略。

【研究目标】

（1）根据之前探索出的课堂教学模式进行教学，并再次对该模式进行辩证修正，最终确定小学数学概念教学的教学模式。

（2）通过课堂教学，分析小学生概念形成的特点，找出相关的影响因素。

（3）对教学策略的有效性再次进行辩证分析，并探索出小学概念教学的有效教学策略。

【教学过程】

教学过程概览见表6-9。

表6-9　教学过程概览

教学过程	设计意图及效果
（一）情境导入，引发知识冲突 （1）同学们，六一儿童节就要到了，大家正准备节目庆祝六一儿童节。有两组同学在跳集体舞，你们觉得哪组同学跳得更好看一点？为什么？ 总结：跳集体舞的同学身高要是均匀些就比较好看了。今天我们也是来研究一个关于跳集体舞的问题。 （2）出示情境，说说你从图中知道了哪些信息。  先选20名舞姿比较好的同学。 ① 独立思考后个别汇报，学生可能会说："老师，要从20名舞姿比较好的同学中选10名同学组队参加集体比赛。"	在教学过程中，教师呈现了要在20名候选队员中选拔10名同学参加集体舞比赛的信息，提出"你认为参赛队员身高是多少比较合适"的问题，其目的是避免单纯从计算的角度引导学生学习统计知识，而应当注意引导学生对统计量意义的理解，为后面为什么选取众数，而不选取平均数或中位数做铺垫。

教学过程	设计意图及效果
② 昨天通过预习，我们已经求出了这组数据的平均数和中位数。谁来说说这组数据的平均数和中位数是多少？（板书）	
（二）自主探究，形成概念网络 （1）小组交流，结合自己的预习情况和计算结果，说说自己是根据什么统计量来找的，以及找出的参赛队员身高分别是多少。 ①小组交流。 ②个别汇报，各小组进行汇报。 平均数：1.475（1.44　1.45　1.46　1.46　1.47　1.47　1.48　1.48　1.49　1.50） 中位数：1.485（1.45　1.46　1.46　1.47　1.47　1.48　1.48　1.49　1.50　1.51） 众数：1.52（1.49　1.50　1.51　1.52　1.52　1.52　1.52　1.52　1.52　1.52） ③你认为哪个方案最好？为什么？ （2）师生达成共识：用第三种方法。1.52出现的次数最多，我们就说这组数据的众数是1.52。 （3）你能结合这个例子说说什么叫作众数，众数有什么特点吗？ ①小组交流。 ②个别汇报，学生可能想到： 一组数据中，出现次数最多的那个数据就是这组数据的众数，众数能够反映一组数据的集中情况。 （4）看书质疑。 （5）比一比：看谁最快找出下面几组数据的众数。 学校举办英语百词听写竞赛，下面是五（1）班、五（2）班、五（3）班参赛选手的成绩： 五（1）：88　87　89　90　88　86　88　87　91　85 五（2）：88　87　87　92　88　87　88　87　88　83 五（3）：81　87　89　90　82　86　83　88　91　85 这三组数据的众数各是多少？你发现了什么？ ①独立完成。 ②小组交流	在这个教学环节中，教师充分给学生思考与讨论的时间、空间，让学生利用已有的知识经验进行思考。学生展开了激烈的讨论，如用平均数的支持者认为因为平均数代表了这组数据的整体水平，能充分反映这组数据包含的信息。反对者则认为其中有极端的数据，如1.32、1.33，这两个数据会把这组数据的平均数拉低，这样找出的同学身高就不够均匀。而用中位数的支持者认为因为是这组数据的中间，从中间开始找起，这样找出的同学身高就比较接近。反对者则认为找出的同学身高仍然有一定的差异。讨论的最后，学生逐渐达成共识，即用众数，因为1.52出现的次数最多，有7人，再找3个1.51、1.50、1.49的就可以了，这样找出的同学身高就很均匀。 在这个讨论的过程中，学生逐步理解了众数这个概念的意义。 接着教师安排了"比一比"这个环节，通过非标准变式的策略突出概念的本质属性。例如，第3组为什么没有众数，因为众数的概念就是出现次数最多的数据，这里没有出现最多的数据，所以没有众数。同时也运用了非概念变式，明确概念的外延，使学生认识到一组数据中众数可能不止一个，也可能没有众数

教学过程	设计意图及效果
③ 个别汇报。学生可能会想到： 五（2）：众数是88、87。 五（3）：没有众数。 ④ 根据这三组数据的分析，你发现众数还有哪些特点？ 学生可能想到： 在一组数据中，众数可能不止一个，也可能没有众数	
（三）解释应用，强化理解概念 1.书本P123 "做一做" （1）出示情境，说说要求我们做些什么。 个别汇报，学生可能会说："要求我们先完成统计表，再找出这组数据的中位数和众数。" （2）对于题目的要求，你还有什么不明白的地方？ ① 独立完成。 ② 个别汇报：中位数是5.0，众数是5.1。 （3）辩一辩：你认为用哪一个数据代表全班同学视力的一般水平比较合适？为什么？ ① 小组交流。 ② 个别汇报。 认为中位数的：用中位数不受偏大、偏小影响，在全班这个环境中，中间应该是最好的反映。 认为众数的：众数的最大优势在于简便，特别是在遇到大规模的数据时，它的作用就突显出来了，不仅快捷，而且一定的精确度。 ③ 教师小结：众数能代表这个班的一般水平，因为在这组数据中，众数是5.1，一共有12个，是这组数据中出现次数最多的数据，所以用这个数据代表这组数据的一般水平。 （4）视力在4.9及以下为近视，五（1）班同学左眼的视力如何？你对他们有什么建议？ ① 独立思考。 ② 个别汇报：有14人是在4.9及以下的，根据个人的体会进行汇报。 ③ 在今天的学习中，你学会了什么？有什么收获	在这个环节中，教师让学生经历简单的收集、整理、描述和分析数据的过程，创造尽可能多的机会让学生亲自从事简单的统计活动。通过对同学们视力情况的数据分析，使学生积极投入各种活动，同时教师也留给他们足够的独立思考和自主探索的时间与空间，并使其在此基础上加强与同伴的合作与交流。从事统计活动的过程中，教师起到引领、指导的作用，例如在课堂教学中，教师提出一些问题引发学生的讨论：你们准备如何收集数据？如何分工进行统计？从这些数据中能得到什么结论？等等。而在自主探索的过程中，学生可能会用多种方法解决问题，如选择不同的收集数据的方法，用不同的统计量来描绘数据等，这样使学生的各方面得到发展，从而进一步区分平均数、中位数和众数这三个概念。

续 表

教学过程	设计意图及效果
2.扩展题 介绍书本小资料"均码"，并用今天所学的知识说说什么是"均码"	在课堂教学过程中，放手让学生进行争论，承认学生之间存在差异，在保证基本要求的前提下允许差异的存在，尽量挖掘每一个学生的潜能，使学生在争论交流中互相促进、共同发展
（四）拓展提高，反思学习过程 （1）小组讨论：反思学习过程。 （2）教师总结：同学们，看来在我们的生活中到处都蕴含着数学知识，只要大家能留心观察、仔细思考，相信会收获更多	

（1）在概念形成的过程中，应充分给予学生足够的思考时间和自主活动的空间。在这节课的教学中，由于教师给予了学生充分思考的时间与自主活动的空间，因此在争辩应该用哪个统计量来选取学生参加集体舞和在"比一比"找出三组数据的众数的过程中，学生表现得非常积极，常常是妙语连珠，说得头头是道。而正是在这种争辩的过程中，学生的概括能力和数学口头表达能力得到锻炼，能够更加有的放矢地对概念的具体事例进行分析、概括，并能不断促使其回忆和提取与概念学习相关的知识，如平均数的特点、中位数的特点等统计知识，激发新概念与已有认知结构的矛盾与联系，引起学生的积极思考，使学生更加积极主动地投入学习。

（2）用概念性变式策略可以帮助学生获得概念的多角度理解。变式是概念在由具体向抽象过渡的过程中，为排除一些由具体对象本身的非本质特征带来的干扰而提出来的。一旦变更具体对象，那么与具体对象紧密相连的那些非本质特征就消失了，本质特征就显露出来。

2. 在计算教学中开展反思性学习指导

对于小学的计算教学来说，什么是更重要的？随着时代的发展，如果单纯将计算作为专门的技能来学习，显然是不够的。正如美国国家研究委员会关于《人人关心数学教育的未来》的报告所指出的："今天一个其数学本领仅限于计算的人，几乎没有什么可贡献于当今的社会，因为廉价的计算器就能够把事情办得更好。"那么我国目前计算教学改革的方向又是什么呢？其实在《义务教育数学课程标准》中就明确指出，在数的运算中要加强对学生数感的培养，其中包括应重视口算，加强估算，提倡算法多样化；应减少单纯的技能性训练，避免繁杂计算和程式化地叙述"算理"，避免将运算与应用割裂开来；使学生经历从实际问题中建立数学模型、估计、求解、验证解的正确性与合理性的过程。

在这里，我们提到了一个词——数感。何谓"数感"？《义务教育数学课程标准》指出，数感是一种主动地、自觉地或自动化地理解数和运用数的态度和意识，是人的一种基本的数学素养，是建立明确的数概念和有效地进行计算等数学活动的基础，是将数学与现实问题建立联系的桥梁。其主要表现包括"理解数的意义；能用多种方法表示数；能在具体的情境中把握数的相对大小关系；能用数表达和交流信息；能为解决问题选择适当的算法；能估计运算的结果，并对结果的合理性作出解释"。

可见，理解数感、让学生在学习的过程中建立数感，是学生形成数量概念和数理推理的基础，是理解和掌握运算规则的条件，是形成运算技能的重要保障。因此，我们提出下面的教学过程结构，如图6-2所示。

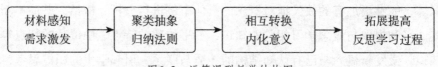

图6-2　运算课型教学结构图

我们认为，教师在教学的过程中，为了有效培养学生的批判思维，应注意以下几条教学原则：一是应提供大量的运算素材，让学生观察比较，激发学生探索新运算的需求；二是要引导每一个学生经历在大量不同情境中发现共同本质特征的过程，实现聚类抽象本质的目的，而在这一过程中，教师应有意识地引导学生在不同事物中找相同特征，提高辨析能力；三是引导学生反思新运算与已知运算之间的联系，通过运算之间的相互转换来实现新运算的意义内化，熟悉新旧运算之间的内在联系，提高学生的符号感和数感。

下面以二年级的有余数的除法、三年级的活用估算解决问题的教学为例进行说明。

就学生学习除法的基础而言，首先，在学习本课之前，学生已经认识了乘法，知道乘法是求几个相同加数的和的简便运算。也认识了除法，并了解除法就是分东西，使每一份都一样多，也就是要分得公平。为了实现公平地分，我们要进行除法的计算。但是在实际的问题中，仍然存在着公平的分之后有剩余的情况。对于剩余的东西该如何表示，学生仍然是模糊的、抽象的。特别是要理解分到不能分了才是剩余的基本含义时含糊不清，解决问题的路径也不清晰。

为了帮助学生克服上述困难，教师在"有余数的除法"的教学中应帮助学生形成以下几方面的整体认识：一是整体感知平均分的两种不同分法中有余数的情况，即"包含分"和"等分"都是平均分。二是整体感知四个数量之间的关系，即总数、份数、每份数和余数之间的内在关系。三是整体感知三对关系：①有余数的除法和分的关系，即平均分的两种分法都可以用有余数的除法算式表达；②有余数除法和乘法之间的关系，即有余数的除法也是乘法的逆运算，通过乘法也能来验证有余数的除法；③减法与有余数除法的关系，即减法是除法运算的由来，因此有余数的除法也是通过连续减几个相同减数的简便运算；④有余数除法与没有余数除法的关系，即有余数的除法与没有余数的除法都要公平地分东西，但关键在于一个是有剩余的，一个是无剩余的。

为此，我们设定了以下教学目标：①整体感知有余数的除法中的两种平均分分法，体会余数与总数之间的关系；②在感受连减算式的烦琐过程中，抽象出有余数除法的算式表达，理解余数的内涵和意义；③初步感知日常情境中有余数除法算式四个量之间的关系；④整体认识总数、份数、每份数和余数四个数量的内在关系。

在《活用估算解决问题》一课的教学中，在如何选择合适的方法进行估算，体会估算的实际应用价值，进而培养学生的估算意识等方面，均体现了估算作为数学内容的育人价值。

由于估算目标具有主观性，因此评判估算结果是否正确的标准就变成了是否达能成主观意愿。这样，就使计算过程中所追求的"准确"具有了不确定性，而恰恰是这种不确定性导致了估算方法的个性化和多样化。因此在运用估算解决问题的过程中，学生对策略的选择就存在着许多不确定的因素，而这些不确定的因素往往导致难教、难学的情况出现。那么在估算教学中，如何突破难点，将估算教学的开放性转变为培养学生良好思维品质的契机和素材呢？这是值得我们好好研究与实践的课题。

【教学片段1】

教师出示情境，如图6-3所示。

图6-3　三年级"解决问题"主题图

师：你们知道了哪些信息？要求什么问题？

生1：已知一共摘了182个菠萝，每箱装8个，一共有18个纸箱，问题是够装吗？

师：也就是已知总数有182个，每箱装8个是每份数，份数是18个纸箱。你准备怎样解决这个问题？为什么？请四人小组讨论一下吧！

学生交流后个别汇报。

生2：用总数除以每份数，再将得数与份数进行比较。

生3：可以用乘法，将每份数与份数相乘得到的积与总数进行比较。

师：就是可以用其中的两个条件相乘或相除，再将结果与第三个量进行比较，那么大家试着用这样的方法，看看谁能将这道题所有的解决方法都找出来。

学生独立完成后汇报。

生4：我有四种方法。

方法一：总数÷每份数=份数

182÷8≈20（个）20＞18，所以不够。

（160）

方法二：总数÷份数=每份数

182÷18≈10（个）10＞8，所以不够。

（180）

方法三：每份数×份数=总数

8×18≈180（个）180＜182，所以不够装。

（10）

方法四：每份数×份数=总数

$8×18≈160$（个）$160<182$，所以不够装。

（20）

生5：我用的是准确计算，$182÷8=22$（个）……6（个）所以不够装。

师：对比几种方法，说说它们之间有什么联系和区别。

生6：用除法解决问题的时候，都是将总数往小估，往小估后，算出来的结果与第三个量进行比较时仍然小，所以不够装。

生7：我发现用乘法解决问题的时候，是将每份数或份数往大估，往大估后算出来的结果都比总数少，所以结论都是不够装的。

生8：我觉得几种方法的结论都是对的，因为用了精确的计算，确实是不够装的。

生9：都是从三个条件中选择两个条件进行计算，然后将结果与第三个条件进行大小的比较。

……

【教学片段2】

师：如果老师把问题改成"多少个纸箱才能装下呢"？以上的所有方法还可以解决吗？为什么？

生1：我觉得要准确计算的那种方法才行，因为问题问的是多少个纸箱，就要求出具体的数量是多少，所以要用准确的计算。

师：那要多少个纸箱才能装下呢？

生2：要23个纸箱，因为还剩下的6个菠萝，也需要一个纸箱来装，所以要22个纸箱还要加1个纸箱，就是23个纸箱。

师：看来，有些问题可以用估算快速解决，有些问题是在估算的基础上必须准确算出答案的。

……

从上面的教学中，我们可以发现：

（1）扩展思考空间，发展可能性思维。在估算教学中，应重视可能性思维的发展。所谓可能性思维，是相对于确定性思维而言的。在教学片段1中，我们可以看出教师通过问题"大家试着用这样的方法，看看谁能将这道题所有的解决方法都找出来"扩展学生的思考空间。学生不仅要灵活运用估算的乘法与除法技能，还要综合分析已知三个量之间的关系，从而梳理出解题的路径：选择其中两个量通过乘法或除法的运算，将得到的结果与第三个量进行比较，从而有效引发学生深度思考，即针对不确定事物或现象进行列举、比较、筛选与判断的思考过程，逐步让他们体会到，要解决"够不够"这个问题，就可以讨论总数、每份数、份数之间的关系，通过建立数量关系，找到与第三个量进行比较并得出结论。

在这个筛选、比较、判断的过程中，学生逐步看清几种方法之间的联系与区别，其本质就是无论将数量进行放大还是缩小，都需要依据与第三个量进行比较。因此解决此类问题实际上就是先猜测结论，然后进行证明，其思维含量远远高于运用精确计算直接思考，大大增强了解决问题的整体思维。

（2）搭建比较平台，细化思维因素。在估算的教学中，往往普遍存在这样的问题：是否有固定的方法，估算结果与精确结果越接近的方法是否越好。教学片段2给了我们最好的启示，在用除法的时候，学生利用的是将总数÷份数（每份数）=每份数（份数），当将总数估小的时候，由于总数已经比实际的数量少了，但求出的商仍然满足不了实际需求，由此得到了结论。而用乘法的时候，则是利用了份数×每份数=总数这一数量关系，将份数或每份数估大，都没有实际的总数多，由此判断不够。教师引导学生将几种方法进行横向、纵向比较，把学生的注意力逐步引向精、深，从而使其深刻地体会到没有一个"万能"的估算方法可以解决所有的问题，我们需要根据实际情况选择合理的估算方法，而这种灵活性和选择性恰好是小学阶段进行估算教学的重要原因之一。

五、培养数学质疑能力的学习方法指导

《义务教育数学新课程标准》指出："数学是一门思维的科学。数学教学要使学生掌握必需的数学基础知识与基本技能，发展学生抽象思维和推理能力，培养学生应用意识和创新意识，并使学生在情感、态度与价值观等方面都得到发展。而这其中最主要的是发展学生的思维。"数学就是思维的体操。作为数学课堂教学的重要手段之一，课堂提问是最古老也是使用最普遍的教学手法。随着新一轮课程改革的深入开展，课堂提问作为一项可操作、可演示、可评价、可把握的数学教学技能，已越来越受到数学教师的重视。

然而在实际教学中，教师们常常一味地希望向学生灌输课程标准，要求学

生"记住"大量信息。虽然有的时候教师会在课堂上提出各种各样的问题，但绝大多数问题只是为了确认学生"懂了吗"，单纯地追求唯一的正确答案，导致的后果就是学生都惧怕回答问题，总是希望自己能回答出书本中的"标准答案"，而不敢承担自己思考和回答问题的责任，更不会主动提出问题。

数学课堂教学中广泛存在低效提问、无效提问的现象，甚至出现不良提问和失误提问的状况，这在一定程度上制约了课堂教学效率的提高。因此，增强课堂提问的有效性，值得每位教师认真研究和探讨。

深度学习下的问题式学习模式，就是通过建立学习模式来关注课前、课内、课后学生的思考，利用小组合作学习共同体，促使全体学生经历独立思考阶段—合作学习阶段—个体提升阶段。其中课前独立思考通过预设性作业，采用有序性策略，逐步、有序地引导学生回顾与新知有关的知识，充分挖掘学生已有的学习经验，真正立足于学生学情开展教学，实现了从最近发展区入手开展教学，为课中小组合作学习的有效开展奠定了基础。在课堂教学中教师应通过引导学习共同体开展合作学习，在独立思考与合作交流相互作用下，采用过程性策略使学生经历逐步逼近思想本质的过程；采用类比策略，启发学生与已有认知结构中属性相似的知识进行类比，整体把握数学学科的内在联系，形成知识网络，发展学生的类比（联想）性思维；采用问题性策略，设计难度适当的问题引起认知冲突，激发学生思维的积极性和求知欲，进一步建立模型，发展学生的定量思维。通过以上策略，使学生在小组内学会交流、合作，通过共同分析问题、解决问题的过程，发展学生的批判性思维；课后个体提升，是教师充分利用学习共同体，并使其与独立探索相结合继续向知识的深度和宽度进行探索的方式，采用反思策略，引导学生反思自己的学习过程，促使其批判性思维进一步得到发展，使有潜力的个体能力得到充分提升，同时自然进入下一轮的课前研究独立思考阶段。通过每节课前的研究，建立知识点与知识点、课与课之间的联系，形成系统知识网络。深度学习下的问题式学习模式如图6-4所示。

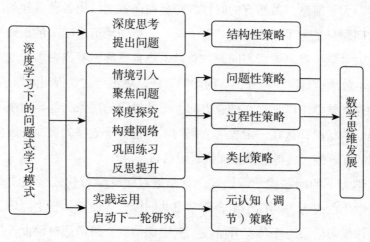

图6-4　深度学习下的问题式学习模式

（一）概念教学中培养数学质疑能力

1. 数概念的教学

在算术与代数的教学中，我们将以往只注重计算的教学转向注重概念本质的教学，试图通过构建概念与概念之间的结构，使学生真正经历概念的抽象、类比、归纳以及凝聚的思维过程。教学流程如图6-5所示。

图6-5　数概念教学流程图

例如，在教学《百分数的意义和写法》一课时，教师设计了以下前置性学习材料，使学生回忆分数的意义，引导学生梳理相关的知识结构，为学习新知做准备。

《百分数的意义和写法》课前研究

1. 填空。

（1）2块蛋糕，平均分给5个人，每人分得（　　　）块。

科技小组共5人，其中男生有2人，男生占全组人数的（　　　）。

（2）思考：上面两题的两个分数表示的含义有什么不同？

2.找一找我们生活中的百分数，并写清楚是在哪里找到的。

3.我想学习关于百分数的这些知识：

在教学中，教师创设具体情境，使学生在情境中理解百分数的含义及为什么要使用百分数，促使学生进行概念内化。

学校举行投球比赛，你觉得六（1）班选哪一位选手参加比赛更合适呢？

参赛选手得分表（见表6-10）。

表6-10　参赛选手得分表

投球情况	王刚	周明	赵军
投中球数/个	33	19	17
总投球数/个	50	25	20

学生通过讨论后达成共识，即求投中次数是总投球次数的几分之几，但为了方便比较，就将分母统一成了100。

投球百分比表（见表6-11）。

表6-11　投球百分比表

投中次数所占比例	王刚	周明	赵军
投中次数是总投球次数的几分之几	$\frac{33}{50}$	$\frac{19}{25}$	$\frac{17}{20}$
投中次数是总投球次数的百分之几	$\frac{66}{100}$	$\frac{76}{100}$	$\frac{85}{100}$

这个过程便是学生对百分数概念本质理解的过程，也就是对概念内化的过程。

接着让学生对比课前研究时出现的分数，观察思考两个分数哪个可以用百分数来表示，为什么，促使学生将百分数作为一个静止的对象进行比较。

$\frac{2}{5}$——不能用百分数表示，因为它是一个具体的数量。

$\frac{2}{5}$——可以用百分数表示，因为它表示两个量之间的关系。

教师正是利用学生已有知识经验与新知之间的认知冲突，促使学生将分数与百分数进行观察、对比，使他们在头脑中建立起相应过程的整体性心理表征，进行内化之后，再将其作为一个独立的对象与分数概念进行比较，使学生从更为抽象的高度对整个过程的性质做出分析和判断，在认知结构的建构过程中形成新的知识结构。

2. 形概念的教学

在几何图形概念的教学中，我们强调要促使学生的思维经历五个阶段，如图6-6所示。

图6-6 形概念教学流程图

例如，在《体积和体积单位》一课的教学中，教师注重引导学生对"体积单位"的概念进行构建，促使其发展几何思维，设计了以下的前置性学习材料。

《体积和体积单位》课前研究

1.回顾三年级时我们是怎样比较下面两个图形的大小的？

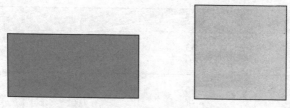

图6-7 长方形、正方形面积对比

2.自己看书，想想有什么不明白的？

3. 还有什么不明白的？

环节1：提供信息，建立初步联系

当学生通过物体感知了体积这个概念之后，教师引导学生开展比较两个长方体大小的讨论（见图6-8）。

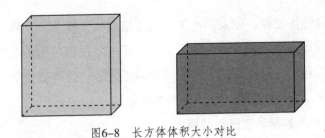

图6-8　长方体体积大小对比

这时，教师并没有急着让学生动手测量或是交流，而是让学生汇报课前的小研究，即在学习面积的时候，是怎样测量图6-9中的两个图形的面积的。

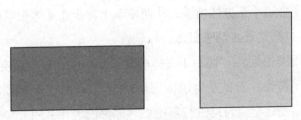

图6-9　长方形面积大小对比

这两个图形的出现，马上勾起了学生对当时学习情景的回忆（在三年级学习面积单位的时候，就是将这两个图形分割成相等的小正方形，然后数一数哪个图形中的小正方形多，多的图形的面积就大），使学生将以前的知识与现在的知识联系起来，利用迁移的方法理解统一体积单位的必要性。

环节2：通过操作建立联系

接着，教师让学生测量下面两个长方体的盒子（见图6-10），并提供了一些小正方体和其他的立体图形和平面图形。

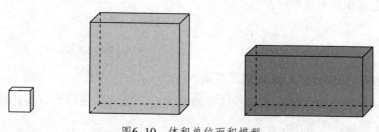

图6-10　体积单位面积模型

学生通过操作发现，原来用小正方体来填满这个盒子，再数一数小正方体的个数就可以知道哪个长方体的体积大了，而这一过程与用小正方形拼摆的方法测量长方形和正方形面积的方法有异曲同工之处。这样就使学生愿意主动进行探索、操作，从而建立结构网络的主要联系。

环节3：利用数学语言进行解释

接着教师引导学生思考：为什么不能用其他的立体图形或平面图形填呢？

学生尝试用自己的语言从多角度进行描述。因为长方体、圆柱等立体图形不一定能全部填满，而平面图形测量的是图形的面积而不是体积，所以图6-10中的长方体最适合用小正方体填满，从而使学生逐步建立体积单位的概念。

环节4：通过辩论逐步明晰概念

这时教师继续追问："那小正方体的棱长是多少比较合适呢？"这时学生就该问题进行了辩论：有的学生说棱长是1厘米，有的说是3厘米……教师并没有急着纠正，而是让学生自己进行辩论："你说说为什么用3厘米？""你说说为什么用1厘米？"用3厘米的那个学生说这样测量快一些，因为大一些；而赞成用1厘米的那个学生马上进行反驳："那要是想测量长是2厘米或比3厘米小的长方体怎么办？"通过辩论，学生逐步明晰了概念。

环节5：整合、梳理知识网络

最后教师及时引导学生回顾刚才的过程，让学生说说什么是体积单位，它有什么特点，使学生逐渐清晰概念的内涵：首先，体积单位的形状是小正方体，棱长是1厘米、1分米、1米；其次，对于如何利用体积单位测量长方体和正方体，他们已经有了初步的感知，为后续的学习奠定了基础。学生将这部分的知识整合到了已有的知识网络中，经历归纳、演绎推理等一系列活动，发展了数学思维。

因此，无论是数与代数中的概念还是空间几何方面的概念，我们均尝试运用"课前独立思考—课中合作探究—课后个体提升"的学习模式，强调数学概念之间的建构，将教学的重点放到了如何将新知整合到已有的认知结构中的过程上。在这一过程中，关注了学生类比、归纳、抽象、凝聚、逻辑推理等思维的发展。

（二）在问题解决的教学中培养数学质疑能力

就小学数学的教学内容而言，在问题解决的过程中，往往运用化归的方法来实现问题的解决。在以往的教学中，我们往往更关注问题的最终结果，或是归纳总结出这类问题的解决方法，而在这次的课题研究过程中，我们试图将重点放在如何引导学生关注自己的问题解决过程中的思路上，即如何将新问题转化为我们曾经学过的问题，再归纳总结出该类问题的方法。

我们在研究的过程中也积累了相关的课例。例如，在研究《分数乘法解决问题》一课时，尝试让学生主动地进行知识的迁移与转化，取得了不错的效果。

下面是本课的课前研究：

1. 回答下列问题。

2米的 $\frac{6}{5}$ 是多少？

2. 看书想想这类题目与我们之前学过的哪些问题有关系？它们又有什么不同？

3. 你有什么不明白的地方？

在教学中，教师首先让学生对课前的研究进行汇报。许多学生发现例题2与我们之前所学到的一个数的几分之几是有关系的，但是具体有什么关系、有什么不同，大部分学生是不太清楚的。因此我们便将本课的关注点放在了下面两点上：

（1）如何将该类问题转化成学生已经掌握的求一个数的几分之几是多少的问题。

（2）如何进行区分与对比。

【教学片段】

教师出示数学信息：

原来有80分贝的噪声，通过绿化带后，噪声降低 $\frac{1}{8}$，现在有多少分贝的噪声？

师：你们觉得要解决这个问题，关键在哪里？

生1：我觉得是噪声降低 $\frac{1}{8}$。

师：你是怎样理解这句话的？这句话跟哪一类题目有关系？

四人小组交流如何理解这句话，可以画一画、说一说。

学生汇报：

生1：噪声降低 $\frac{1}{8}$，就是比原来噪音降低了 $\frac{1}{8}$。

生2：就是谁比原来的噪声降低了 $\frac{1}{8}$？

生1：就是现在的噪声比原来的噪声降低了 $\frac{1}{8}$。

师：刚才大家在汇报小研究时都说与分数乘法中"求一个数的几分之几"有关系，那这句话就是谁是谁的 $\frac{1}{8}$？

生3：就是现在是原来的 $\frac{1}{8}$。

生4：不对，如果是原来的 $\frac{1}{8}$，那么降低的部分又是多少呢？

生5：我觉得应该是降低的部分是原来的 $\frac{1}{8}$。

生6：也就是现在的噪声是原来的 $\frac{7}{8}$。

师：要求现在的噪声有多少分贝，其实就是求什么？

生：求原来噪声的 $\frac{7}{8}$ 是多少。

师：同学们，这样我们就把刚才噪声降低 $\frac{1}{8}$ 转化成了我们以前学过的"求一个数的几分之几"的问题。

学生独立完成。

……

从上面的案例，我们可以看出教师在课前研究中便有意识地引导学生思考，即可以将这类题目变成我们已经学过的哪类题目，并在课中给予学生充分探索、交流的空间，让他们通过辩论、质疑，逐步将问题转化为曾经学过的问题。整个过程可以归结如下：

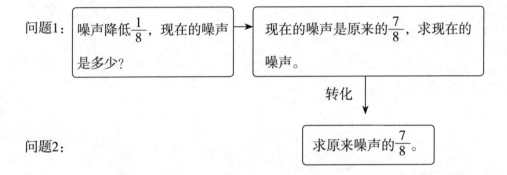

当学生解答完毕之后，教师让学生回忆刚才的推导过程（想一想以后遇到这类题目时我们该怎么办），促使学生对刚才的学习过程进行反思与归纳。

因此，在问题性思维教学过程中，教师要注重引导学生将问题与问题联系起来加以思考，并通过提出相关的问题引导学生展开联想：

你以前见过类似的问题吗？是否稍有不同，不同在哪里？

你是否知道与此有关的问题？

你能不能利用已经解决的问题来解决这个问题？

你能否用已经解决过类似问题的方法来解决这个问题？

……

第七章

小学数学深度学习的课堂观察与评价

目前，课堂观察受到了国内外越来越多的学者和一线教师的关注，观察者可以带着明确的目的，凭借自身感官及辅助工具（观察表、录音录像等设备），直接或间接地从课堂上收集资料，并依据资料做出相应的分析、研究。通过课堂观察，可以将课堂中所发生的连续性事件，拆分成一个个相对独立的空间单元，并通过观察点对每一个单元进行分析、推论、反思，并以此改善教师的教学，促进学生更好的学习。因此，课堂观察关注的是课堂情境中的教育问题、教育现象或教学行为，旨在对教师的课堂教学进行客观、合理的诊断、分析并提出改进的建议。

既然课堂观察是教师或研究者基于课堂的最普适的研究方法，那么在小学数学深度学习的研究过程中，如何利用课堂观察已有的技术经验，自主开发观察或记录工具，以适应深度学习的需求？在进行观察之前，如何让观察者理解深度学习的课堂结构？如何利用课堂观察进一步改进小学数学深度学习的课堂教学。这些成为亟待解决的问题。而这些问题的解决需要我们密切结合小学数学深度学习的课堂实际，准确地界定课堂观察的操作途径和价值取向。

本章针对以上问题，对小学数学深度学习的课堂观察与评价进行论述。

一、小学数学深度学习课堂观察的实施方式

由于小学数学深度学习的教学过程强调的是提升学生的综合素养，开展的是结构性教学，即所强调的是知识的结构性、思维的批判性，因此在课堂观察的过程中，我们应采用以下几方面的实施方式。

1. 构筑关于小学数学深度学习课堂观察的"知识库"

为了更加聚焦课堂观察研究的主题，我们在选择课堂观察主题的时候，进行了广泛而深刻的研究活动，梳理与吸收小学数学深度学习的相关研究成果。

我们系统分析了皮亚杰认知发展理论、布鲁纳认知发现学习理论、奥苏伯尔认知同化学习理论、建构主义学习理论对小学数学深度学习的影响，将课堂观察的主题聚焦在以下方面：目标达成情况的分析、教师课堂提问有效性的分析、小组合作学习情况的分析、学生课堂行为情况的分析以及学生学法指导情况的分析。这样便将现代学习理论对小学数学深度学习的影响进行了系统梳理，有利于站在学术的高度开展课堂观察，使课堂观察从经验走向理论。

2. 建立关于小学数学深度学习课堂观察的"案例库"

小学数学深度学习课堂观察，既需要理论背景的建立，更需要实战思维的支撑，因此在课堂的现场不断积累相关的教学案例，逐步建立与丰富"案例库"是很重要的。将这些主题作为课题进行研究，才会真正形成自己的见解与观点。

下面以2018年2—7月名师工作室的小学数学深度学习课堂观察安排表为例（见表7-1）。

表7-1　名师工作室的小学数学深度学习课堂观察安排表

日期	地点	执教人	课例名称	研究主题
3月6日	桂城外国语学校	关健安	观察物体	目标达成情况的分析
3月14日	灯湖小学	梁玉婵	解决问题	学生学法指导情况的分析
4月11日	南海中心小学	关少清	真分数和假分数	小组合作学习情况的分析
4月12日	西樵民乐小学	黄秀平	分数的产生和意义	学生课堂行为情况的分析
4月12日	西樵太平小学	刘思桃	摆一摆　想一想	学生学法指导情况的分析
4月20日	里水小学	林友纯	分数的意义	目标达成情况的分析
5月9日	桂城外国语学校	马彩花	小数的初步认识	目标达成情况的分析
5月16日	桂江小学	刘媛	平面图形的整理和复习	课堂提问有效性的分析

我们在教研活动中不断对主题进行集体研讨，逐步形成个人的见解和观点。例如，在目标达成情况的分析上，我们根据小学数学课程标准，制作了以

下观测工具（见表7-2）。

表7-2　小学数学深度学习课堂观察量表——目标达成观察

课题		时间				授课人				
被观察学校/班级		被观察小组/人数				观察者				
学习目标	学生达成情况						达成方式			
	了解	理解	掌握	运用	经历	体验	探索	教师讲授	自主学习	探究学习	合作学习

学习目标	了解	理解	掌握	运用	经历	体验	探索	教师讲授	自主学习	探究学习	合作学习
知识与技能											
过程与方法											
情感、态度与价值观											
综合分析											

填表说明：用打"∨"的方式填表，并在"具体表现"处记录教学行为。

二、小学数学深度学习课堂观察的观察点设计

课堂的教学千变万化，为了更加聚焦课堂内发生的每一件事情，从而系统、客观地进行分析与评价，我们根据学生的学习目标、观察目的和观察点的品质等确定小学数学深度学习的课堂观点。

1. 着眼于问题，根据学生学习目标确定观察点

小学数学深度学习课堂强调结构化的教学，着眼于对方法结构的感知，因此在课堂观察点的设计方面，应聚焦这些方法、结构的学习，而对于学法的习得观察更为重要。为此我们设计了学生学法指导的观察量表（见表7-3）。

表7–3　小学数学深度学习课堂观察量表——学生学法指导观察

课题		时间					授课人		
被观察学校/班级		被观察小组（人数）					观察者		
教学环节	课堂情况记录	学法指导分类							效果达成
		独立思考	合作探究	动手操作	质疑辨析	阅读理解	归纳积累	应用训练	
课前研究									
导入新课									
新知学习									
练习反馈									
总结收获									
综合分析									

填表注意事项：

（1）课堂情况，简略记录该环节教师的主要教学行为。

（2）其他项目，用"√"表示是否有该项情况。

（3）效果达成，简略描述达成情况。

根据学生在课堂中所需要掌握的学习方法，我们设计了独立思考、合作探究、动手操作、质疑辨析、阅读理解、归纳积累、应用训练七个观察点。针对课前研究、导入新课、新知学习、练习反馈、总结收获这五大环节进行全面观察，以"对本课学生学习方法指导的关键行为"为判断标准，设计了以上主要观察点。

2. 着眼于对象，根据观察的目的确定观察点

为了在进行课题观察时更有针对性，我们设计了学生课堂行为观察测量表

（见表7-4）。

表7-4　小学数学深度学习课堂观察量表——学生课堂行为观察

课题		时间			授课人					
被观察学校/班级		被观察小组/人数			观察者					
教学环节	学生行为表现记录	层次体现						能力体现					
		浅层学习		深层学习				运算能力	直观想象能力	空间想象能力	逻辑推理能力	数据分析能力	数学建模能力
		识记	领会	应用	分析	综合	评价						
课前研究													
导入新课													
新课学习													
练习反馈													
总结收获													
综合分析													

填表注意事项：

（1）学生行为表现，简略记录该环节学生的主要学习行为。

（2）其他项目，用"√"表示是否有该项情况。

该课堂观察量表所关注的一方面是根据布鲁姆认知目标分类，将学生的学习行为分为浅层学习和深层学习（其中浅层学习包括识记、领会，深层学习包括应用、分析、综合、评价）。另一方面是以数学核心素养为依据，我们根据课堂上学生的反应设计了数学能力体现的六个方面，包括运算能力、直观想象能力、空间想象能力、逻辑推理能力、数据分析能力、数学建模能力。将定性与定量综合运用的课堂观察记录与分析能多角度、整体性地凸显数学课堂上所呈现的教育现象。在使用定量的方法策略时，教师能够通过具体的观察数据进行比较，分析课堂中学生的思维水平具体达到了哪个层次；定性的方法则着眼于观察教师的教学设计，明确重点培养的是学生哪方面的能力，从而为被观察者提供全景式的改进建议。

3. 根据观察点的品质确定观察点

为了进一步了解小学数学深度课堂中师生的具体行为表现，我们根据观察点的品质——可记录、可解释，对教师的提问进行观察，设计了以下的课堂观察表（见表7-5）。

表7-5　小学数学深度学习课堂观察量表——教师课堂提问观察

课题		时间			授课人	
被观察学校/班级		被观察小组/人数			观察者	
教学环节	问题描述	提出的方式		类型					提问回答方式		问题指向教学目标是否精准
		清晰	模糊	浅层问题		深层问题			集体回答	个别回答	
				思考判断	认知记忆	分析理解	推理运用	启发创意			
课前研究											
导入新课											
新课学习											
练习反馈											

续 表

教学环节	问题描述	提出的方式		类型						提问回答方式		问题指向教学目标是否精准
		清晰	模糊	浅层问题		深层问题				集体回答	个别回答	
				思考判断	认知记忆	分析理解	推理运用	启发创意				
总结收获												
综合分析												

填表注意事项:

（1）教师提出的问题只记录核心问题。

（2）其他在相应的选项中打"√"。

在设计该测量工具时，主要考虑四个因素：一是观察提问的数量，我们采用了定量的提问观察记录工具；二是观察问题的思维水平，我们采用的是定性和定量相结合的工具；三是观察提问的方式，我们采用了定性和定量相结合的工具，将其分为清晰和模糊两种；四是观察课堂提问的回答方式，采用了定量的提问观察记录。

由于这个观察着眼于课堂对话，因此除了快速记录以外，还需借助一些音像设备来记录。

三、小学数学深度学习课堂观察的基本范式

"范式"一词源于科学革命结构变更，库恩在《科学革命的结构》中正式提出"范式"的概念，在《再论范式》一文里将"范式"的含义诠释为科学共同体在专业领域所达成的共识。如果从库恩坚持常规科学的中心地位这一立场出发进行哲学上的推理，就可以得出：范式就是指某一科学共同体采用基本一致的思考方法来研究同一领域的特定问题。[1]

课堂一直是人们关注或研究的领域，而课堂研究出现了许多范式，下面我们站在小学数学深度学习的角度对课堂观察提出了基本的研究范式。

---

[1] 崔允漷.范式与教学研究［J］.课程·教材·教法，1996（8）.

1. 小学数学深度学习的课堂观察一般流程

小学数学深度学习的课堂观察一般流程，如图7-1所示。

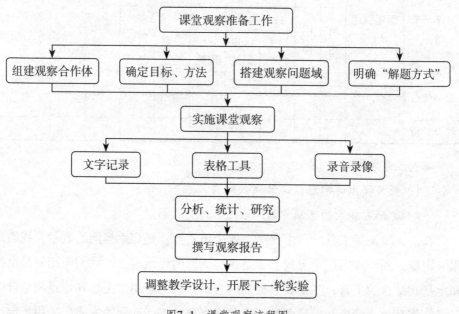

图7-1 课堂观察流程图

结合华东师范大学崔允漷教授提出的研究型课堂观察LICC范式，我们设计了小学数学深度学习的课堂观察的一般过程和步骤，包括组建教师课堂观察合作体，确定目标、方法，搭建课堂观察的问题域，明确"解题方式"；并针对教师听评课现存的问题——听课无合作、评课无依据、听评课无证据推论，对课堂教学进行观察、剖析、分解，坚持科学实用主义，对课堂分析后进行重构。

2. 组建教师课堂观察合作体

以南海区小学数学名师工作室为研究团队，组建教师课堂观察合作体。合作体强调合作的时间，具备以下四个要素：有主题的意愿、可分解的任务、有共享的规则、有互惠的效益。在明确观察的目标后，开展有组织、有准备、有程序、持续合作的课堂观察活动。

例如，在对孙明洁老师执教的《四边形内角和》一课进行课堂观察研究活动时，具体的分工如下：

目标达成情况的分析：陈东斌。

教师课堂提问有效性的分析：刘远交、李强。

学生学法指导情况分析：杜雪颜、黄少萍。

小组合作学习情况分析：刘媛

教师课堂提问有效性的分析：崔丽君、陈文静、黄景威、李小燕、关健安、黄桂彩、李伟芬。

学生课堂行为情况分析：陈汝微、杨敏怡、罗杭涛。

3. 搭建小学数学深度学习课堂观察的问题域

搭建课堂观察的问题域是研究课的主要载体。根据崔允漷教授课堂教学的结构四要素（见图7-2），即学生学习（learning）、教师教学（instruction）、课程性质（curriculum）和课堂文化（culture），确定了20个视角、68个观察点。

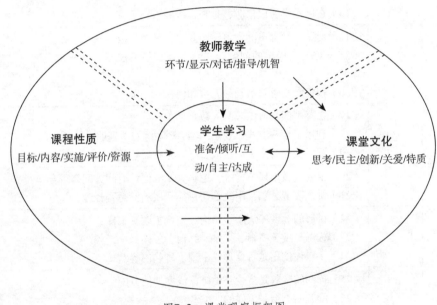

图7-2 课堂观察框架图

针对小学数学深度学习所研究的主要方向，我们确定了21个视角、71个观察点。表7-6是小学数学深度学习课堂观察框架表。

表7-6 小学数学深度学习课堂观察框架表

要素	视角	观察点
学生学习	1.准备	（1）是否明确学习目标？ （2）是否将新旧知识初步建立联系？ （3）针对将要学习的内容是否能提出问题？

续 表

要素	视角	观察点
学生学习	2. 倾听	（4）是否专注听教师或同伴的发言？ （5）倾听时，学生有哪些辅助行为（笔记、查阅、回应）？具体人数是多少？ （6）集中倾听的时间是多少？
	3. 质疑	（7）针对他人的发言，是否能提出自己的疑问？ （8）对于教材内容是否能提出自己的疑问（或不同见解）？ （9）参与提问/回答的人数是多少？
	4. 合作	（10）学生是否在合作之前进行独立思考？ （11）合作学习时，是否人人发言？ （12）开展小组合作时，是否互学互助？ （13）在展示学习成果时，是否合作展示？
	5. 互动	（14）对于老师提出的学习活动要求，是否积极参与？ （15）对他人提出的问题，是否开展积极的思考，并积极发表自己的意见？ （16）积极参与学习活动的人数如何？
	6. 达成	（17）掌握本课学习内容的人数是多少？ （18）利用了哪些方式（观点/作业/板演/练习）证明目标的达成？ （19）课后抽测有多少人达成目标？存在哪些问题？
教师教学	7. 环节	（20）由哪些教学环节构成？逻辑关系如何？时间分配是否合理？ （21）每个环节分别是围绕哪些目标开展的？是否合理？
	8. 呈现	（22）讲解的效度（清晰、结构、契合主题）怎样？ （23）板书呈现（清晰、完整、结构）怎样？ （24）多媒体使用是否合理？呈现了哪些内容？
	9. 对话	（25）提问的次数是多少？思维深浅度如何分配？ （26）问题的类型是怎样的？ （27）候答时间是多少？采用了哪些理所应当的方式？ （28）问题与学习目标的关系怎样？
	10. 指导	（29）是否给予学生独立思考的空间，并进行方法的指导？ （30）在小组合作探究学习方面，是否进行方法的指导？ （31）学生开展动手操作探究时，是否进行方法的指导？ （32）是否允许学生开展质疑辨析的活动，并予以方法的指导？ （33）是否指导学生进行文本的阅读理解？ （34）是否指导学生归纳积累？ （35）在应用训练过程中，是否进行方法的指导？

续 表

要素	视角	观察点
教师教学	11. 机智	（36）在教学过程中，是否有对原来的教学设计进行调整？效果如何？ （37）是否出现学生或情境的突发事件？是如何处理的？
课堂性质	12. 目标	（38）预设的教学目标是如何呈现的？ （39）目标制定的依据是什么？是否合理？ （40）教学目标是否符合学生的实际水平？ （41）在教学过程中是否生成新的学习目标？处理是否得当？
	13. 内容	（42）对教材进行了怎样的处理（增/删/合/立/换）？是否合理？ （43）课堂中生成了哪些内容？怎样处理？ （44）是否凸显数学学科的特点、思想、核心素养、逻辑关系以及知识结构？ （45）容量是否适合该班学生？如何满足不同学生的需求？
	14. 实施	（46）采用了哪些方法（讲授/讨论/活动/探究/自学）？与学习目标适合度如何？ （47）是否体现数学知识的结构化？ （48）是否给予学生足够的质疑、提问时间？ （49）创设的问题情境是否合理？是怎样处理的？ （50）渗透了哪些数学思想方法？是如何实施的？ （51）各学习活动之间的逻辑关系如何？是否合理？
	15. 评价	（52）检测的主要评价方式有哪些？ （53）如何进行评价的反馈？ （54）是如何利用所获得的评价信息的？
	16. 资源	（55）预设了哪些资源？ （56）如何利用这些资源？ （57）生成了哪些资源（正确或错误回答/练习）？怎样利用？
课堂文化	17. 思考	（58）学习目标如何体现高阶思维的培养？ （59）如何以核心问题驱动教学？ （60）学生的思考习惯如何？ （61）给予学生思考的时间是多少？如何分配？
	18. 民主	（62）课堂话语（数量/时间/对象/措辞/插话）是怎样处理的？ （63）学生参与课堂教学活动的人数、时间是如何分配的？ （64）课堂氛围如何？ （65）师生之间、生生之间的关系如何？
	19. 创新	（66）在哪些方面体现了创新？（教学设计、手段、方法、情境创设、资源利用等） （67）学生是否出现创新的表达或成果？教师是如何激发和保护的？

续 表

要素	视角	观察点
课堂文化	20.关爱	（68）学习目标是否面向全体？是否重心下移？怎样关注不同层次的学习需求？
		（69）教师的课堂话语、行为是怎样的？
	21.特质	（70）在哪些方面（环节安排/教材处理/教学策略/学习指导/对话）体现特色？
		（71）教师具有哪些优势（语言/学识/技能/思维/敏感性/情感/风格）？

当然，并不是每一节课都要有上述71个观察点，其目的主要是为了观察者在开展课堂观察时提供知识基础和问题基础，在具体观察中有"抓手"或"支架"。

4.明确小学数学深度学习课堂观察的"解题方式"

课堂观察的"解题方式"是研究课堂的前提条件，其主要步骤就是借助一定的研究概念，以及三个阶段的持续活动——课前会议、课中观察、课后会议，遵循可观察、可记录的原则，通过解构课堂，将研究问题具化为观察点，通过观察点将一个个具体的时间单元和空间单元定格，并做逐步的分析、描述以及记录相关的详细信息，对观察的结果进行反思、分析、推论，从而改善教师的教学，促进学生的学习。[①]图7-3为课堂观察的程序图。

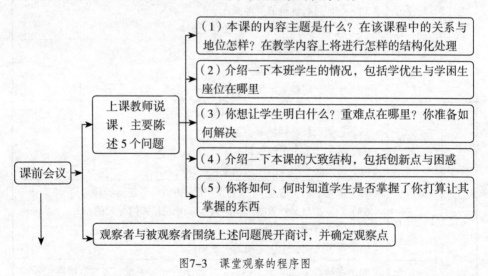

图7-3　课堂观察的程序图

---

① 崔允漷.论课堂观察LICC范式：一种专业的听评课［J］.教育研究，2012（5）：81-85.

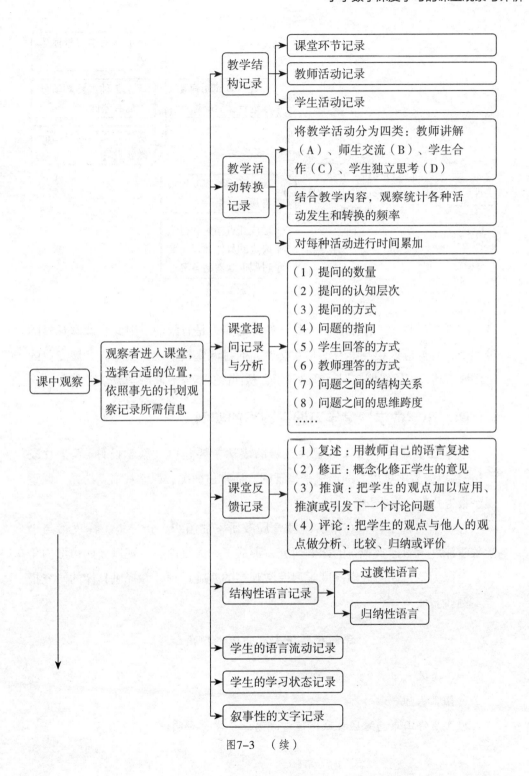

图7-3　（续）

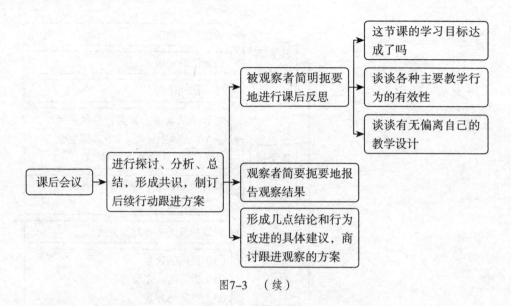

图7-3 （续）

在平常的教学工作中，一个数学教师的能力是有限的，因此在课堂观察的过程中，我们应该相互学习、相互交流，通过课堂教学观察技术，开展专业的听评课活动，积累案例知识、策略知识，从而改进教学，将数学教学引向深入。

四、小学数学深度学习课堂观察的实例

小学数学深度学习课堂观察报告的表达主要是以"教学设计+教学片段+'观察点'教学反思"的形式来呈现的，通常由简况、课堂观察点选择、课堂观察报告几部分组成。

孙明洁名师工作室在市、区教育局教研室的组织、指导下，深度参与小学数学深度学习课堂观察的课例研究，形成了一大批课例。现以《四边形内角和》一课为例，说明数学深度学习课堂观察的实施过程，并提供具体的研究报告实例。

课例观察报告：四边形内角和

一、简况

1.任教教师

广东省佛山市南海区桂城街道灯湖第三小学：孙明洁。

2.任教年级

四年级。

3.教学主题

四边形内角和。

4.研究合作体

陈东斌（桂城街道海三路小学）、刘远交（狮山镇狮城中学附属小学）、李强（狮山镇石门实验中心附属小学）、杜雪颜（桂城街道南师附小）、黄少萍（西樵镇民乐小学）、刘媛（大沥镇黄岐中心小学）、崔丽君（西樵镇第三小学）、汤文静（桂城街道南光中英文学校）、黄景威（南海实验小学）、李小燕（南海实验小学）、关健安（桂城外国语学校）、黄桂彩（桂城外国语学校）、李伟芬（桂城外国语学校）、陈汝薇（桂城街道叠窖二小）、杨敏怡（南海实验小学）、罗杭涛（桂城街道平胜小学）。

二、本次课题观察点选择

课堂目标达成情况的分析：陈东斌。

学生学法指导情况分析：杜雪颜、黄少萍。

小组合作学习情况分析：刘媛。

教师课堂提问有效性的分析：崔丽君、汤文静、黄景威、李小燕、关健安、黄桂彩、李伟芬。

学生课堂行为情况分析：陈汝薇、杨敏怡、罗杭涛。

三、《四边形内角和》课堂观察汇报

观察点：课堂目标达成情况的分析

观察点12～39：目标制定的依据是什么？是否合理？

《四边形内角和》是人教版数学四年级（下册）第五单元的内容，属于几何与图形领域的内容。教材安排这一内容不仅仅是为了让学生得出一个结果，更重要的是让学生通过实验经历从特殊到一般的过程，推导出"四边形内角和是360度"的结论。在验证过程中使用了多种方法，通过观察、对比使学生感受到画辅助线这种方法的优势，在师生和生生互动的过程中，使学生感悟转化思想。

根据以上分析，执教教师设定的教学目标如下：

【知识技能】

（1）运用探索三角形内角和的经验探索四边形内角和，掌握求多边形内角和的方法。

（2）能利用量、拼、转化等方法进行动手操作，解决实际问题。

【教学思考】

通过观察、操作、类比、归纳等一系列活动，经历从特殊到一般的探究学习过程，感悟转化、数形结合、建模、分类等数学思想，体验数学知识的应用价值。

【解决问题】

形成解决问题的一些基本策略，体验策略的多样性，建立优化意识，发展实践能力与创新精神。

【情感态度】

经历知识的形成过程，感受数学知识的趣味性，激发热爱数学、学习数学的情感，体验数学知识的应用价值。

【教学重难点】

（1）教学重点：从特殊到一般，通过探索实验得出四边形内角和。

（2）教学难点：能将四边形转化成三角形来解决问题。

该课堂教学目标设定比较客观、准确，体现知识的来龙去脉，为后面进一步实施结构化教学奠定了基础。

观察点12～40：教学目标是否符合学生的实际水平？

（1）学生的共性。四年级的学生大脑发育正好处于内部结构和功能完善的关键期，是培养意志力和学习习惯的最佳时期。

（2）学生的个性。在平时的教学中非常注重培养学生的批判思维和实践能力，因此学生已经具备一定的质疑能力和动手操作能力。

（3）学生的知识水平。为了更好地了解学生的真实起点、确定本课的重难点，教师进行了两次学情测试。对四年级未学这一知识的学生进行学前测试，目的是了解他们对将要学习的知识有了怎样的基础，从而找准教学的切入点。从数据上看，学生在四年级上学期测量角的度数时，曾经通过测量的方式，探索过四边形的内角和，由于侧重点在测量上，因此没有得出明确的结论。为了了解学生对学过知识的遗漏之处，我还对五年级学生进行了学后测试。从数据上看，大多数学生对结论是直接通过记忆提取的，缺少对探索过程的完整体验，有部分学生将四边形内角和与三角形内角和的结论相混淆，因此可以确定的是保证探索过程的完整性是本课要特别关注的。

基于以上的分析，教学目标的设定是符合学生实际水平的。

观察点12~41：在教学过程中是否生成新的学习目标？处理是否得当？

在实施教学的过程中，学生对于"内角"概念的理解不到位，这是在实际教学过程中生成的新的学习目标，教师在教学中能够及时发现，并利用学具，让学生观察、辨析，有效突破了这个新的学习目标，处理及时、得当。

附当时的教学实录：

师：同学们，我们来分分看（用刀把四边形按画好的线分成两个三角形，如图7-4所示）。原来的四边形有几个内角？现在有几个内角？原来的四个内角和现在的六个内角有什么联系？

图7-4　两个三角形拼成四边形

生：那两个角分开了。

师：什么意思？你上来指着说。

生（指着四边形）：这个角本来是四边形的，现在分开了就是三角形的两个角了。这个角原来也是四边形的角，分开了就变成三角形的角。

师：那另外两个内角呢？

生：不变！

师：也就是说，他们的内角和是⋯⋯

生：度数不变的。

师：你实在是太了不起了，发现了这个秘密！这条线真是一条神奇的线，通过这条线，把我们今天研究的新知识变成了学过的旧知识。在变的过程中，形状发生了改变，内角的个数也发生了变化，可是有一个最重要的东西是没有变的，那就是我们研究的内角和！这就是我们数学上鼎鼎有名的"转化"！

（板书：转化）

……

观察角度：教师课堂提问有效性的分析

（1）整个教学过程共提问21次，问题的指向明确、表达清楚，有效率高达95.2%。其中21次的提问思维层次搭配合理，关于识记的问题有2个，关于理解的问题有3个，有关应用、分析、综合、评价的高层次思考水平提问高达16个，指向目标不明确的问题为0个。综合看出，教师在上课之前已经设计出了合理的教学方法，提出的问题有针对性，指向明确，而且充分设计了学生互动的形式、内容，对课堂的各个环节都进行了详细的准备。

（2）学生回答的情况：集体回答2次，个别回答19次，共34人次参与个别回答，讨论后回答3次，提出质疑5次，无应答0次。

从回答的整体效果能看出学生乐于交流回答，问题引起了学生的兴趣，而且教师有意识地针对不同思维层次的问题选择集体回答、个别回答和讨论后汇报回答的不同形式，多样化的回答方式有利于引起学生不同程度的重视。

同时统计出学生个别回答前教师给予思考的平均时间为10.9秒，其中有3次的思考时间长达1分钟以上，说明给予学生较充足的思考空间。

（3）教师理答情况：打断或代答0次，不理睬0次，重复答案2次，追问7次，鼓励3次。在重复答案的两次中，一次是突破难点，理解画辅助线，内角的个数变化了，但内角和不变；一次是在四边形添加两条辅助线后，出现了4个内角，而这4个内角并不是四边形原来的内容，这也是本课的教学难点。可以看出，重复答案是引起学生的注意，起到强调的作用。同时教师很关注个别学生的独立回答，交流中教师发现学生有其他画辅助线的方法，都引导学生进行辨析，从而归纳出三种不同画辅助线的方法（顶点连顶点、顶点连边、顶点连中心点），使学生发现分割出来的三角形数量越少，计算方法越简单，直观地让学生体会到"位置越特殊，方法越简单"的道理，完成从混到明的过程。

观察角度：学生学法指导情况的分析

观察点10～33：是否指导学生进行文本的阅读理解？

在本课中，教师设计了以下的"课前小研究"，对学生阅读教材进行导读。

课前小研究"四边形内角和"

请大家阅读课本68页，并回答下面的问题。

1. 我们学过哪些四边形？猜一猜它们的内角和是多少度。

2. 通过阅读课本，想想课本中介绍了几种验证四边形内角和的方法，也请你任意选一个四边形来验证它的内角和。

我发现了：

在验证的过程中，我遇到了以下问题：

3. 预习后我还想知道：

在阅读指导的过程中，教师做到了：

（1）明确阅读的目标，如在书本第几页的什么内容。

（2）建立知识间的联系，帮助学生回顾已有的相关知识经验，通过提出研究性问题，如"阅读课本，想想课本中介绍了几种验证四边形内角和的方法，也请你任意选一个四边形来验证它的内角和是多少度"，引导学生梳理教材并尝试验证。

（3）让学生进行提问质疑，指导学生敢于向教材发问，向初探时所面临的困难发问，以发展其批判思维。

这里的关键点是如何提出具有研究性质的问题，如此才能充分暴露学生的思维。教师采用了问答题的形式（你发现了什么？你观察到了什么？你有什么收获），让学生充分暴露自己的思维过程，以便于让学生自我发现及相互发现。

学生对教材初步感知后，不仅充分调用已有的知识，运用探索三角形的基本方法，尝试探索四边形内角和，还提出了非常有意义的问题（为什么四边形还可以用一条线分成两个三角形来说明其内角和也是360度呢），真正实现了"带着问题进课堂""带着目标进课堂"的目的，从而把握学生的真实起点，促使教与学有机结合。

观察点10~32：是否允许学生开展质疑辨析的活动，并予以方法的指导？

在本课的教学中教师及时鼓励学生发问，不断围绕着核心问题展开讨论。先后创造了5次让学生提出质疑的机会，并对于学生所提出的问题进行了方法指导。

师：有哪些同学在"课前小研究"中就使用了这条神奇的线？真了不起！下面，没有使用过这条神奇的线的同学，也试试在你的四边形上画画这条神奇的线；使用过的同学，也想想这条神奇的线还可以怎么画。（教师巡视，寻找学生的不同画法）

生（投影展示）：我把刚才的梯形用一条神奇的线分成了两个三角形，一个三角形内角和是180度，两个三角形内角和就是360度。

师：大家对于他的汇报有没有什么不明白的地方？或者有什么不同的发现？

生：我有不同的画法（见图7-5），不过不知道对不对。我把四边形分成了四个三角形，那它的内角和还是360度吗？

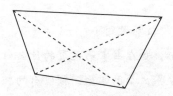

图7-5　四边形连接对角线

生：中间多出了几个角！（指着两条线的交叉点）这里的角原来是没有的，现在画了两条线就多出来了！（指着四边形中间多出的内角）你看这些角，如果我把它们合在一起（见图7-6），它就不是四边形的内角了。

图7-6　沿对角线切割

生：我们要把这些角的度数减去！因为它们刚好拼成了一个周角，周角是360度，所以这个四边形的内角和还是360度！

师：原来我们用一条线和两条线，都能证明四边形的内角和是360度。

……

在上面的教学片段中，正是基于学生的质疑，教学呈现出深度、丰富、层层递进且回环往复的特征。在这个复杂多变的教学过程中，教师不再按部就班地讲，而是顺着学生突发的思维（画两条辅助线可以吗），进行层层剖析、层层推理，紧紧扣住概念的核心——内角和进行分析辨别的深度学习。这不仅激活了学生的思维，而且描绘出一幅曲曲直直、枝枝杈杈，但又丰富多样、色彩斑斓的教学图景。

观察点10～30：在小组合作探究学习方面，是否进行方法的指导？

在小学数学深度学习合作探究必经的"三阶段"中，教师的指导应贯穿始终。图7-7为小组合作流程图。

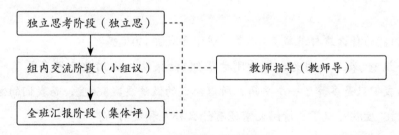

图7-7　小组合作流程图

而在本课中，教师也非常好地进行了实施。

【教学片段】①

师：下面有请你们小组来汇报一下你们的想法。

小组1代表一：我们把一个五边形分成了5个三角形，所以是180×5-360=540（度）。

小组1代表二：我们想特别强调的是中间的5个角组成了一个周角，这个周角并不是原来五边形的内角，所以还要减去中间的360度。请问大家有什么疑问或补充吗？

小组2代表一：我们有不同画法（展示），我们画出了一颗钻石（见图7-8）。把五边形分成这样四个三角形，但是中间的三个角不是五边形的内角，所以要减去180度。所以是180×4-180=540（度）。

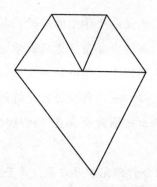

图7-8　分成4个三角形的情况

小组2代表二：我们想特别强调的是要减去180度。大家有什么意见或补充吗？

生1：为什么这样就减去180度，刚才要减去360度呢？

小组2代表三：因为大家看刚才小组1的做法，他们是正好多算了一个周角，而我们只是多算了一个平角，所以他们的做法要减360度，而我们的做法只要减去180度就可以了。请问大家还有什么补充和疑问吗？

生2：我还发现了小组1的做法与小组2的做法其实是一样的：

$$180×5-360=180×5-180×2=180×3$$

① 张玫，孙明洁.《四边形的内角和》教学实录与评析［J］.小学数学教育，2018（7）.

$$180 \times 4 - 180 = 180 \times 3$$

所以五边形的内角和其实就是180×3。

……

正是这样的生生互动，充分激发了学生的思维，使其深度参与整个思维活动过程，通过交流分享智慧、相互补充、完善提升。

观察角度：小组合作学习情况的分析

本课利用小组合作学习分析表（见表7-7）观察记录合作学习情况。

表7-7　小学数学深度学习课堂观察量表——小组合作学习的观察

课题			时间		授课人			
被观察学校/班级			被观察小组/人数		观察者			
教学环节	合作学习内容	小组汇报情况记录	教师方面					学生方面			

教学环节	合作学习内容	小组汇报情况记录	紧扣目标	要求清晰	时间充分	关注全体	评价及时	独立思考	轮流发言	互学互助	合作展示
课前研究	交流课前小研究	学生汇报了算、量、拼、分四种方法	√	√	√	√	√	√	√	√	√
导入新课	无										
新课学习	交流四边形不同的画辅助线的情况	学生汇报两种不同的方法	√	√	√	√	√	√	√	√	√
练习反馈	探索多边形内角和规律	学生汇报多种方法	√	√	√	√	√	√	√	√	√
总结收获	无										
综合分析											

填表注意事项：

（1）教师提出的问题只记录核心问题。

（2）其他在相应的选项中打"√"。

观察点4～10：学生是否在合作之前进行独立思考？

全课共设计了3次合作探究，在每一次合作探究之前，教师都让学生进行独立思考。在第一次合作交流"课前小研究"的时候，内容是在课前，因此学生是有充分的时间和空间进行思考的。第二次和第三次的合作交流，教师分别给予的时间是4分钟和5分钟，这样独立思考的时间是比较充裕的。

观察点4～11：合作学习时，是否人人发言？

在四人小组合作学习的过程中，观察组共观察了12个小组，其中有4个小组是人人发言；有7个小组是有一人没有发言，小组中其余3人都有发言；有1个小组是完全由小组长发表意见，其余3人仅是在倾听。

观察点4～12：开展小组合作时，是否互学互助？

在观察的12个小组中，共有3个小组开展了互学互助，有小组成员提出问题，其余9个小组仅仅是汇报自己的看法，并没有质疑解惑的情况发生。当然不一定每个小组都能发现问题，但是从另一方面可以看出，学生的质疑能力需要进一步提高，而且教师也应给予一定的方法指导。

观察点4～13：在展示学习成果时，是否合作展示？

全课共有5个小组向全班展示了学习成果，且在展示的时候均是合作展开的。

观察角度：学生课堂行为情况的分析

观察点2～5：倾听时，学生有哪些辅助行为（笔记、查阅、回应）？具体人数是多少？

课前，我们设计了"学生探究记录的主动性"观察表，在课堂观察时，我们仔细观察学生在探索多边形内角和环节中的辅助行为，并填写表格，从而获得了如下的汇总表（见表7-8）。

表7-8　探究时，学生辅助行为（笔记、查阅、回应）统计表

项目 人数 组别	猜想假设		探究记录		小结延伸	
记录时间	交流前 记录	交流后补充 记录	交流前 记录	交流后补充 记录	交流前 记录	小组交流后 补充记录
小组1	0	2	3	3	3	4
小组2	0	1	2	2	4	4
……						

从人数上分析，在"猜想假设"阶段，学生开展记录的欲望不强，大多数学生显得有点无所适从，说明并没有养成猜想的习惯。大多数学生在小结延伸阶段养成了记录的习惯。此外从另一个角度可以发现，学生对他人的交流关注度不够，仅仅是习惯记录最终的结果。

观察点3～7：针对他人的发言，是否能提出自己的疑问？

在课堂观察的过程中，我们统计出教师创造了5次让学生质疑辨析的机会，但仅有4人次能够针对他人的发言提出自己的疑问，说明学生的质疑能力仍有待提高。教师可帮助学生建立小组汇报的话语系统（见图7-9）。

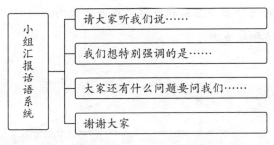

图7-9　小组汇报话语系统

该话语系统有助于发言者提炼出自己发言的主题，将思维过程中的核心部分用精练的语言进行表达，使其表达的意思更加清晰，帮助听者更好地领会其发言的中心思想，促使听者开展批判性思考，提出有深度的问题，从而有助于深挖知识的本质。

附：

"四边形内角和"课堂教学实录及评析

（一）学习导航

师：同学们，老师这里有一个三角形（见图7-10），它的内角和是多少呢？

图7-10　钝角三角形

生：180度。

师：我这里还有一个三角形（见图7-11），它的内角和又是多少呢？

图7-11　锐角三角形

生：还是180度。

师：如果我将两个三角形拼在一起形成一个大的三角形（见图7-12），那这个三角形的内角和是多少？

图7-12　拼出一个大三角形

生：还是180度，因为拼成的是三角形，但是有两个角已经不是大三角形的内角了（见图7-13），所以拼成的三角形还是180度。

图7-13　拼出一个大三角形

师：如果我还是用这两个三角形拼成一个四边形（见图7-14）呢？这个四边形的内角和是多少度呢？

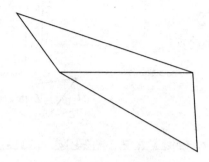

图7-14　拼出一个四边形

师：今天我们就来学习四边形的内角和是多少。（板书课题）

评析："我还是用这两个三角形拼成一个四边形，这个四边形的内角和又是多少呢？"看似简单的问题，通过对三角形内角和的知识点进行了变式，让学生直观地看到图形的变化，既引发学生的认知冲突，也激起学生的探究欲望，让学生自然地将研究的重点放在"四边形内角和"上。

（二）导学反馈

进行三次从浅层学习到深度学习的导学过程，引领学生深挖转化本质。

1. 根据学生的"课前小研究"进行第一次导学

师：课前我们已经完成了"课前小研究"，下面请大家在小组里交流一下你们的预习成果，遇到不明白的问题可以在小组汇报的时候提出来。

小组成员拿出"我的小研究"交流。

师：有哪个小组愿意上来汇报一下？

生：我们组愿意。（四人到讲台前汇报，全班响起掌声）

生1：我发现四边形的内角和都是360度。我画了一个正方形、一个长方形，它们每一个角都是90度，所以4×90度=360（度），它们的内角和都是360度。我还画了一个平行四边形，量出它的四个角的度数，加起来刚好是360度。我通过看书还发现可以在四边形内画一条线，把四边形分成两个三角形，一个三角形的内角和是180度，两个三角形的内角和就是180度×2=360（度）。正方形、长方形、平行四边形的内角和都是360度，所以四边形内角和是360度。大家有什么问题要问我吗？（学生作品如图7-15所示）

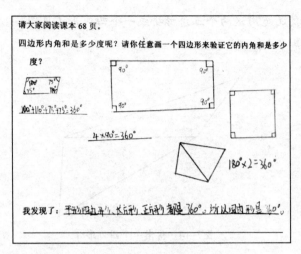

图7-15 学生作品

生：你用90度×4=360（度）就能说明全部四边形内角和都是360度吗？

生：不行，因为只有正方形和长方形的内角才全部是90度。

师：你们的思维非常严谨，看来我们在解决问题的时候，不仅要考虑长方形、正方形这种特殊的情况，还要考虑一般的情况。（板书：特殊→一般）

评析： 让学生以已经学过的知识为依托，得出他们的内角和是360°，从而让学生感悟到从特殊到一般的数学思想方法。通过生生的深度对话，提炼出该环节的核心问题"是不是所有的四边形都能够用4×90度这种方法计算它的内角和呢？"，为学生后面的推理归纳埋下伏笔，并使其深刻体会数学知识的严谨性。

生：我觉得你的平行四边形的度数有点奇怪，有一个100度，一个110度，另外两个对角都是75度，而我量的四边形都是有两个内角的角度是一样的。

师：也就是使用量这种方法的时候，我们容易出现误差，大家一定要小心哦！

生：我在量的时候花了比较多的时间，就因为老是量不到360度。

生：你为什么要在那里画一条线？

生：因为可以把四边形分成两个三角形，一个三角形内角和是180度，两个三角形内角和就是360度。

生：这条线只能这样画吗？

生：应该还有其他的画法。

师：看来同学们对这种方法非常感兴趣，但又有很多疑问没有搞清楚。这样吧，待会我们再重点来研究它。

生：你们还有没有其他方法？

生：我还有其他方法。我把梯形的四个内角剪下来，把它们拼起来，刚好拼成一个周角，周角是360度，所以这个梯形的内角和是360度。大家有什么问题要问我吗？（学生作品如图7-16所示）

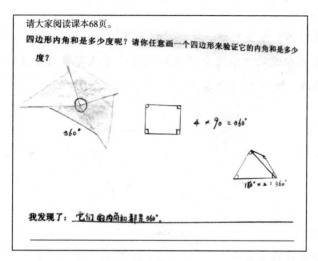

图7-16　学生作品

生：是不是所有四边形的内角都能拼出360度？

师：有哪位同学也使用了拼的方法，拼了其他的四边形的？

生：我有。（上讲台展示自己的作品）

师：看来也可以哦，不过我们已经看不出这个图形原来的样子了。

评析： 让学生利用已有的知识经验，发现可以利用探究三角形内角和的方法来研究四边形内角和，将新问题转化成已经学过的知识，使学生初步感受转化的思想，并且在汇报的过程中，通过师生、生生互动，将几种实验方法的局限性凸显出来，为接下来的推理论证做铺垫。

师：刚才这个小组使用了算、量、拼、分四种办法来验证四边形的内角和（板书：算、量、拼、分），你更喜欢那种方法？为什么？

生：我喜欢分的方法，因为量会出现误差，算只适用于正方形、长方形这些特殊的四边形，拼有点麻烦，分的方法很方便，不会那么麻烦。

师：你们也喜欢分的方法吗？

生：因为分的方法只需要画一条线就行了，很简单。

师：看来大家都觉得分这种方法更好，那我们接下来就重点研究一下这种方法。

评析： 通过几种方法的对比凸显推理论证的优势，为学生接下来的推理奠定基础。

2. 第二次导学

通过师生对话、生生对话，深挖转化本质，感悟转化思想。

师：你们对分这种方法还有什么疑问吗？（从重叠的普通四边形上取下一个四边形并画线，如图7-17所示）

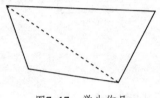

图7-17 学生作品

生：一定要这样画吗？

生（上台指着四边形讲）：因为如果你把这条线画到其他地方去，就把这个四边形分成了一个三角形和一个四边形。我们只知道三角形的内角和是180度，还没确定四边形的内角和，那这样画，我们还是不知道原来四边形的内角和啊！

师：（鼓掌）我觉得大家要把掌声送给他，他把我们今天要研究的新问题变成了以前学过的三角形的内角和。（板书：贴三角形，画箭头）

师：同学们，我们来分分看（用刀把四边形按画好的线分成两个三角形，如图7-18所示），原来的四边形有几个内角？现在有几个内角？原来的4个内角和现在的6个内角有什么关系？

图7-18 学生作品

生：分开的角本来是四边形的，分开就是两个三角形的角了。

生：所以四边形的内角和就是两个三角形内角和的总和。

……

评析：利用一般的四边形，让学生通过观察、分析、比较、推理，达成共识，推理归纳出四边形内角和是360度。在这个过程中，通过引导学生思考"四边形原来的4个内角与现在两个三角形的6个内角有什么关系？"这个问题，再次引发学生对内角和的思考，通过找出变与不变进一步体会"转化"思想的内涵，即形状发生了改变，内角的个数也发生了变化，但我们研究的对象——内角和没有变。

生：我有不同的画法（见图7-19）。

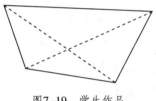

图7-19　学生作品

师：把四边形分成了4个三角形，那它的内角和还是360度吗？为什么？

生：一个三角形的内角和是180度，那么四个三角形就是180度×4，好像不是360度了？

生：我不同意，因为中间多出了几个角，不是四边形的内角。这里的角原来是没有的，现在画了两条线就多出来了！

生：所以我们要把这些角的度数减去！

师：这些角合起来是多少度呢？

生：它们刚好拼成了一个周角，周角是360度。

……

评析：通过变式的练习"再画一条线"，让学生不断围绕着核心问题"哪些是四边形的内角"展开讨论，在进一步分析与推理过程中，让学生明晰概念，深入理解"内角和"，凸显出数学的严谨、条理和简练，很好地培养了学生的数学思维。

3. 第三次导学

通过课堂学习，产生新的疑问，扩展课堂广度。

师：同学们，看来大家对四边形的内角和掌握得很好了。通过刚才的学习，你又产生了什么新的疑问？有没有想研究新的问题呢？

生：我想知道五边形、六边形、七边形的内角和是多少度？

生：我想知道四边形、五边形、六边形、七边形……这些内角和之间有什么联系？

……

师：同学们，你们的"野心"还真不小！好，既然今天我们研究了四边形的内角和，就把内角和研究到底好不好？外角和我们可以在下节课再来研究。

生：好！

师：那我们从离四边形最近的五边形、六边形开始研究。张老师给每个小组准备了一个信封，里面有各种形状的五边形和六边形，请小组长分分任务，看看能否找到五边形和六边形的内角和。

（小组分任务自主探究，交流）

师：哪位同学愿意上来汇报五边形的内角和？

生：我把五边形用一条神奇的线分成了一个三角形和一个四边形（见图7-20），因为我们已经知道三角形的内角和是180度，四边形的内角和是360度，所以五边形的内角和就是180+360=540（度）。大家有什么疑问吗？

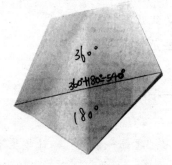

图7-20　学生作品

师：哇，她太厉害了，把五边形转化成三角形和四边形！刚刚学完了四边形的内角和就能学以致用，了不起！

生：我有其他的画法。我用了两条神奇的线把五边形变成了三个三角形（见图7-21），一个三角形内角和是180度，180×3=540（度），所以五边形内角和是540度。

图7-21 学生作品

师：他把五边形转化成了3个三角形。［板书：180×3=540（度）］

师：我发现你的画法很特别哦！你也上来展示一下好吗？同学们，他这样画可以吗？

图7-22 学生作品

生：可以的！（跑到投影仪前）中间的几个角要减掉！

师：为什么呢？

生：因为中间这几个角不是五边形的内角，而它们刚好拼成一个圈。

师：也就是拼成了一个360度的周角，所以要减去360度。你的观察很仔细哦！［板书：180×5-360=540（度）］

生：我有不同画法（见图7-23）。（展示）

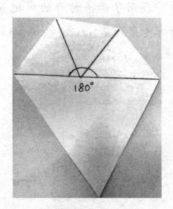

图7-23　学生作品

生（多人）：哇，钻石！

生：我把五边形分成这样4个三角形，但是中间的3个角不是五边形的内角，所以要减去180度。

师：同学们同意吗？

生：同意！

师：五边形，多美啊！大家还有没有补充呢？

生：老师，我有问题，我用了一条神奇的线把五边形分成了两个四边形，我找到五边形的内角和是720度。

师：请拿上来让大家帮你看看。

（生展示作品，如图7-24所示）

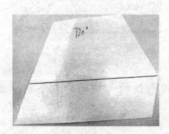

图7-24　学生作品

生：他这里的两个角不是五边形的内角，所以要减去180度。

师：你同意吗？

生：同意。720-180=540（度），五边形内角和是540度。

师：有哪些同学研究了六边形的内角和？

生：我只用了一条神奇的线，把六边形分成两个梯形。梯形的内角和是360度，所以两个梯形加起来就是360×2=720（度）。

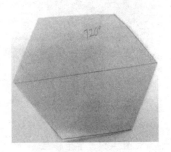

图7-25　学生作品

生：我有疑问，为什么刚才五边形分成两个四边形就是540度，现在六边形分成两个四边形就是720度呢？

生：我知道，因为刚才五边形分成的两个四边形中有两个角不是内角，所以要减去两个角，也就是180度，而现在的六边形虽然也是分成两个四边形，但所有的角都是六边形的内角，所以不用减去。

（学生自发鼓掌）

师：说得太好了！大家还有没有不同的方法？

生：我把六边形从一个顶点画了三条神奇的线（见图7-26），把它转化成4个三角形，一个三角形是180度，4×180度就是720度。

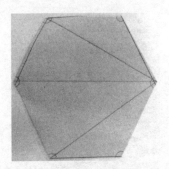

图7-26　学生作品

师：他把六边形转化成4个三角形。（板书：贴图形，写算式）

生：我把六边形从中间分成了6个三角形（见图7-27），然后再减去中间的360度，180×6-360=720（度）。大家有问题要问我吗？

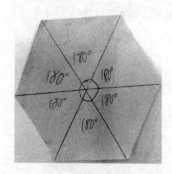

图7-27　学生作品

生：我把六边形分成了一个长方形和两个三角形（见图7-28），360+180+180=720（度）。

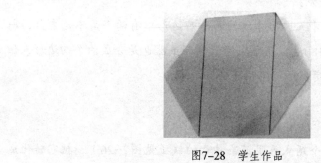

图7-28　学生作品

生：我把六边形分成一个五边形和一个三角形（见图7-29），540+180=720（度）。

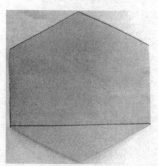

图7-29　学生作品

师：同学们实在是太厉害了，发现了这么多种画线的方法（投影仪展示学生的作品，如图7-30所示）。当然还有很多同学有很多很有创意的画法，因为时间关系没办法一一展示，大家可以在课后继续交流。那在这些不同的画线中，有没有相同的地方呢？

图7-30 学生作品

生：我发现都是从顶点开始画的。

生：如果不是内角的角，要记得减去。

生：它们都是画成了三角形和四边形，因为我们知道了三角形和四边形的内角和，所以可以这样来求五边形、六边形的内角和！

师：你们实在太了不起了，发现了这个隐藏的秘密——都是把新的图形转化成我们学过的图形来解决问题！

评析：教师趁势而起，再次利用学生质疑所提出的问题，进一步研究多边形的内角和，使学生再次利用已有的求三角形和四边形内角和的方法与结论推理和论证五边形的内角和，并让学生尽可能地展示多种不同的分割方法，从而得出五边形和六边形的内角和，拓展学生的思维，促使学生开展深度学习。

（三）归纳积累

师：同学们，今天我们经过对特殊到一般的四边形的研究，通过四种方法验证了四边形的内角和是360度，重点研究了分的方法，发现了一条神奇的线。这条神奇的线，可以点到点地画，也可以点到边地画，还可以点画在中间，但无论怎么画，都是把新的图形转化成学过的图形。

师：现在你们能回答一开始的那个问题了吗？用这两个三角形拼成的四边形内角和是多少呢？为什么？

生：是360度，因为一个三角形的内角和是180度，两个三角形的内角和就是360度。

生：因为两个三角形的6个内角都是四边形的内角，所以直接180度×2就可以了。

师：同学们，观察一下，你还发现了哪些规律呢？大家可以带着这个疑问，用今天研究图形的办法继续在课后进行研究，我们下节课来汇报。今天的课上到这里，下课！

评析：通过研究五边形和六边形，顺势提出如果接着研究七边形、八边形呢？有什么规律？让学生再次燃起探究的欲望与需求，使其对数学学习兴趣倍增，实现了"带着问题进入课堂，带着问题走出课堂"的目的。

【总评】

1. "思辨"撬动数学思维

关于四边形的内角和，学生的真实起点在哪里？如何引导学生对转化的思想本质有深刻的体会？如何让学生经历从特殊到一般的思维过程……针对这些问题，我们展开了一系列的思考与研究。

基于以上的思考，我们大胆地让学生完成前置性学习单，并通过反复分析与论证，真正把握住学生的真实起点，通过不断让学生质疑、辨析，找到突破口，为学生创设出合理的学习"大空间"。正是这种"思辨"撬动了学生的思维，使学习不断涌现出高潮。

2. "思察"深挖知识本质

为了让学生对转化思想的内涵有深刻的体会，我们通过引导学生思考辨察、反复对比，找出"变与不变"，在观察与对比的过程中，遵循学生的认知规律，引导他们感悟数学思想，深挖知识本质，在数学结论的归纳推理中体会数学的简练、条理性和严谨性，发展数学思维，提高数学思维品质。

3."思想"成就深度课堂

数学思想方法是数学发展的内在动力。在整个教学过程中，孙老师逐步渗透了归纳推理思想，引导学生从特殊到一般进行推理，使学生经历了观察、实验、比较、分析、综合，形成对思维对象的共性认识。同时引导学生通过对内角和"变与不变"的思考，渗透化归思想，让学生感悟知识本质，紧紧抓住了数学知识的"魂"，使学生真正开展深度思考、深度学习，思维得到进一步提升与发展。